Psicología Oscura

Domine la Persuasión, Negociación y la PNL y Libere el Poder de Comprender la Manipulación, el Engaño y el Comportamiento Humano

Tabla de Contenido

Introducción

El mundo está repleto de caos debido a los rasgos de la Tríada Oscura. En este libro, analizaremos cada uno de los rasgos de personalidad de la "Tríada Oscura", que incluyen psicopatía, maquiavelismo y narcisismo. A las personas con algunos de estos rasgos les agrada manipular a otras personas que pueden parecer vulnerables hasta cierto punto. Cuando una persona manipula a otra persona, se concentra en satisfacer sus intereses egoístas. Si usted es una persona vulnerable, debes concentrarse en aprender más sobre los rasgos de la "Tríada Oscura".

En este libro, aprenderá sobre algunas de las tácticas de engaño utilizadas por estas personas. Al leer esta guía de psicología oscura, aprenderá más sobre la mente y el comportamiento humano. Además, aprenderá sobre cómo las personas han dominado el arte de manipular a sus colegas para su beneficio.

Al leer este libro, también descubrirá cómo puede analizar el carácter de una persona y cómo puede diferenciar entre la verdad y la mentira. También aprenderá más sobre cómo los diferentes rasgos afectan a la raza humana. A veces, la gente intenta comprender a los demás. Puede ser bastante desafiante; sin embargo, este libro asegurará que haya aprendido sobre los diferentes problemas que afectan a la humanidad, incluidos los cultos y el control mental. Esta guía también analizará el papel de la manipulación en el lugar de trabajo y el entorno familiar. El fenómeno se refiere a cómo las personas engañan a los demás, obligándolos a cumplir sus órdenes. Después de leer este libro, conocerá los rasgos que poseen las personas malintencionadas. Además, conocerá los rasgos de una persona afectada por la psicopatía, el maquiavelismo y el narcisismo.

Este libro actuará como su primer paso para comprender lo que se requiere de usted cuando quiera evadir a las personas que usan técnicas de manipulación, para evitar que arruinen su vida. Dado que el mundo se está convirtiendo en un lugar caótico, la información de este libro garantizará que pueda manejar diferentes problemas críticos que pueden afectarlo como individuo. También puede comprender los casos de abuso por parte de personas cercanas en su vida.

Además, descubrirá cómo defenderse y protegerse del engaño y la manipulación. Finalmente, comprenderá cómo tratar a las personas vulnerables de manera efectiva en caso de que necesiten su ayuda como profesional. Aunque muchos libros hablan de psicología oscura, nos alegra que haya elegido esta guía en específico. Esperamos que el libro sea informativo, aunque no hemos abarcado todo el campo de la Psicología Oscura. Profundizaremos más en el campo de la Psicología Oscura con el tiempo. ¡Disfrute su lectura!

PARTE 1: El Lado Oscuro

Capítulo 1: Psicología Oscura: La Tríada Oscura

Las personas poseen diferentes rasgos de personalidad. Es difícil tratar con personas arrogantes, volátiles y dominantes. Al tratar con ciertos caracteres, debe ser cuidadoso y puede trabajar para neutralizar su comportamiento, al tiempo que se asegura de haber restaurado la armonía.

Existen algunas características y comportamientos que pueden ser seriamente dañinos, y cuando una persona muestra estos rasgos tóxicos, pueden terminar perjudicando a sus colegas. Además, algunos de estos rasgos pueden acabar envenenando y destruyendo a un equipo. La "tríada oscura" de los rasgos de personalidad comprende la psicopatía, el narcisismo y el maquiavelismo. En este capítulo, la atención se centrará en estos tres elementos. Identificaremos todos los comportamientos asociados a cada uno de estos elementos. Además, analizaremos el impacto de cada uno de estos elementos en el lugar de trabajo.

Sobre la Tríada Oscura

La "Tríada Oscura" no es una frase de uso común en el campo de la psicología. El término se refiere a tres rasgos de personalidad y pueden estar relacionados hasta cierto punto. Los rasgos de personalidad incluyen narcisismo, maquiavelismo y psicopatía.

Narcisismo – el término se deriva del mito griego sobre el personaje conocido como Narciso; era un cazador, y quien se enamoró de su propio reflejo, mientras se observaba en un charco de agua. Como resultado, terminó ahogándose. Según el mito, las personas narcisistas suelen ser egoístas, arrogantes, jactanciosas e hipersensibles, especialmente cuando se las critica.

Psicopatía – existen diferentes rasgos de personalidad asociados con la psicopatía, que incluyen falta de remordimiento, falta de empatía, comportamiento volátil y manipulador y antisocial. Existe una gran diferencia entre ser un psicópata y tener rasgos psicopáticos. La psicopatía normalmente está relacionada con la violencia criminal.

Maquiavelismo – la palabra se deriva de un político italiano conocido como Niccolo Machiavelli. Obtuvo un gran reconocimiento como autor de un libro conocido como *El príncipe*, publicado en 1532. Las personas que han leído el libro pueden asegurarse de que respalda las artes oscuras asociadas con el engaño y el comportamiento astuto. Los rasgos asociados con el maquiavelismo incluyen manipulación, duplicidad, falta de moralidad y emoción e interés propio.

Cómo Identificar los Rasgos de la Tríada Oscura

Para identificar los rasgos de la Tríada Oscura, los psicólogos deben medir diferentes tipos de personalidad. En 2010, el Dr. Peter Jonason desarrolló y publicó una escala de calificación conocida como La docena Sucia: Una Medida Concisa de la Tríada Oscura con Gregory Webster, un psicólogo profesional. La escala de calificación se compone de una metodología de 12 puntos y es útil para medir los rasgos oscuros. Los psicólogos normalmente piden a las personas que se califiquen a sí mismas mediante las siguientes preguntas:

- Tiendo a carecer de remordimientos.

- He utilizado los halagos para tomar ventaja.

- Tiendo a querer que los demás me presten atención.

- Tiendo a querer que los demás me admiren.

- Tiendo a tomar ventaja de los demás para mis propios fines.

- Tiendo a buscar prestigio o estatus.

- Tiendo a esperar favores especiales de los demás.

- Tiendo a ser cínico.

- He usado engaños y mentiras para tomar ventaja a mi favor.

- Tiendo a manipular a los demás para tomar ventaja a mi favor.

- Tiendo a no preocuparme demasiado por la moralidad o la moralidad de mis acciones.

- Tiendo a ser insensible o cruel.

En un nivel básico, una persona puede ser calificada de uno a siete, aunque la escala de calificación tiene doce preguntas. La puntuación posible es de 12 a 84. Una puntuación más alta indica que una persona puede poseer algunos de los rasgos de la Tríada Oscura.

Tratar con Personas con Rasgos de la Tríada Oscura

Si por lo general muestra los rasgos de la Tríada Oscura, es posible que se pregunte si existe algo que pueda hacer al respecto. La respuesta a cómo se pueden tratar los rasgos de la Tríada Oscura es bastante compleja. Los psicólogos experimentados pueden influir en el asunto. Para empezar, al observar diferentes tipos de personalidad, notará que existen muchas gradaciones. El comportamiento de una persona puede cambiar a diario. Como directivo, tendrá que buscar formas de abordar algunos de los comportamientos negativos asociados para que pueda asegurarse de que su equipo trabaje en armonía y que sus niveles de productividad también sean adecuados.

Cómo Lidiar con la Ira

Es posible que algunos miembros del equipo posean algunos rasgos psicopáticos y que sean propensos a la agresión y la ira. Tales situaciones deben manejarse rápidamente. Primero, asegúrese de estar familiarizado con los signos de ira. La ira a un nivel normal se puede detectar fácilmente. Por ejemplo, cuando una persona está molesta, puede levantar la voz y también puede comenzar a sudar en el proceso. Algunas personas intentan reprimir su enojo, y mostrarán algo de "agresividad pasiva", lo que implica ignorar a las personas, entre otras cosas.

Algunas estrategias son útiles cuando se trata de personas molestas. Si se siente amenazado, primero debe asegurarse de estar seguro. Por ejemplo, puede salir de la habitación al instante. Al tratar con una persona que tiene problemas de ira, debe asegurarse de haberse distanciado emocionalmente de estas personas. Además, asegúrese de haber identificado la causa del enojo. Puede convertirse en un oyente activo y también utilizar técnicas de interrogatorio.

Cómo Lidiar con el Acoso

A veces, la ira puede convertirse en acoso. El acoso está asociado con un comportamiento amenazante y abuso verbal. Puede incluir críticas innecesarias, difundir algunos rumores maliciosos y menospreciar a alguien. También puede ser un comportamiento que trata a una persona como si fuera "invisible". Si nota que hay un acosador dentro de un equipo específico, debe comenzar por brindarle apoyo a la víctima. Además, debe seguir adelante y enfrentarse al acosador mientras lo responsabiliza por el daño que ha causado.

Detectar a un Manipulador

Las personas en el lugar de trabajo pueden verse influenciadas de diferentes formas. Por ejemplo, puede animar a una persona y también alabarla dependiendo del buen trabajo que haya hecho. Al inspirar a las personas en el lugar de trabajo, aumentará la productividad de los empleados. Si uno de los miembros del equipo tiene algunas tendencias maquiavélicas, tratará de ejercer una influencia indebida sobre los empleados en el lugar de trabajo tratando de manipularlos. También pueden intentar coaccionar a los empleados mediante el engaño.

Una persona manipuladora siempre tratará de ocultar su comportamiento, y existen algunas señales que siempre debe tener en cuenta, como tratar con una persona que no puede aceptar un "no" por respuesta. Las personas manipuladoras siempre mostrarán algún comportamiento hiriente cuando traten con diferentes personas, ya que siempre tienen algunos motivos malintencionados.

Lidiando con el Narcisismo

Los narcisistas suelen ser egoístas y pueden ser más que un dolor de cabeza para lidiar. No representan una amenaza importante; sin embargo, cuando alteran la moral y la armonía del equipo, es posible que no se percaten de que tienen una influencia indebida en los miembros del equipo. Es recomendable plantear este problema lo antes posible después de que se haya percatado de que algo anda mal.

Los narcisistas poseen diferentes rasgos de carácter, incluido un gran ego. También pueden hacer cualquier cosa para ganar reconocimiento. Así mismo pueden exigir crédito por diferentes ideas que se les hayan ocurrido. A pesar de trabajar con otras personas como equipo, seguirán adelante y se atribuirán el mérito de la idea como individuos. También intentan dominar las reuniones y los debates.

Una persona con un gran ego no esperará ser desafiada por otra persona. Al desafiar a un narcisista, debe asegurarse de mantenerse firme. También debe armarse con algunos contraargumentos sólidos. También es aconsejable colocar a un narcisista en una situación en la que dependa de la cooperación de otros colegas. Al hacerlo, aumentará el nivel de comprensión y respeto entre sus compañeros.

Desarrollar las Habilidades Necesarias para Afrontar

No es fácil imaginar y aceptar que existan personas con comportamientos negativos. Además, puede experimentar algunos desafíos cuando no se sienta del todo seguro de ganar una discusión contra otra persona. Existen numerosas formas en las que puede desarrollar las habilidades que necesita para hacer frente a algunos de estos desafíos. Por ejemplo, puede aprender a ser asertivo.

Si posee algunos de estos rasgos de personalidad de la "Tríada Oscura", existen muchas cosas que puede hacer para que pueda adquirir la capacidad de comprender a las personas de una mejor manera. Además, puede aprender sobre cómo reconocer la perspectiva y el estado emocional de una persona. Puede intentar mejorar sus "habilidades con las personas" desarrollando inteligencia emocional y empatía. También debe ser consciente del lenguaje corporal de las personas. Además, puede controlar sus emociones utilizando algunas de estas habilidades. También comprenderá cómo las personas pueden ayudarle mientras intenta detectar sus patrones de comportamiento no deseado antes de convertirse en una amenaza para otros miembros del equipo.

El Impacto de la Tríada Oscura en el Lugar de Trabajo

Es difícil encontrar algo positivo relacionado con los rasgos de la Tríada Oscura, especialmente en el lugar de trabajo. Las personas con rasgos de la Tríada Oscura siempre mostrarán comportamientos indeseables, como ser volátiles, agresivos, engañosos y egoístas. Algunas personas también pueden mostrar una combinación de estos rasgos.

Varios psicólogos han estado investigando el impacto de la Tríada Oscura. El Dr. Seth Spain redactó un artículo en 2014 titulado *El Lado Oscuro de la Personalidad en el Trabajo*. En el documento, afirmó que existe una relación entre las prácticas de toma de decisiones poco éticas en el lugar de trabajo y el maquiavelismo. Otros investigadores que han sopesado el tema incluyen a Kevin M. Williams y Delroy L. Paulhus, en su estudio de 2002 *La Tríada Oscura de la Personalidad: Narcisismo, Maquiavelismo y Psicopatía*. Ambos psicólogos sostienen que algunas tendencias están asociadas con el maquiavelismo, el narcisismo y la psicopatía; sin embargo, cada uno de estos rasgos son entidades independientes. También se han realizado más investigaciones y existe una gran correlación entre la falta de humildad y la deshonestidad.

El estudio de Peter Jonason de 2012 *La Tríada Oscura en el Trabajo: Cómo los Empleados Tóxicos Toman Ventaja*, con los coautores Sarah Slomski y Jamie Partyka, muestra que los empleados con rasgos de la Tríada Oscura suelen ser personas "tóxicas". Por ejemplo, los empleados "tóxicos" pueden ejercer una influencia indebida sobre otras personas en el lugar de trabajo. Con el tiempo, algunos de los empleados pueden mostrar cierta agresividad y también pueden intentar influir con firmeza en las personas.

Existe evidencia de que el narcisismo se puede notar, especialmente en el inicio, desde una perspectiva positiva. En la mayoría de los casos, los narcisistas hacen un esfuerzo con su apariencia y suelen ser amables y encantadores. También estarán orientados al logro y serán concienzudos, y todas estas cosas generalmente se reflejan de manera adecuada en un individuo. Con el tiempo, su actitud arrogante de "yo, yo, yo" puede volverse molesta.

Cómo Protegerse contra la Influencia Indebida de los Individuos de la Tríada Oscura

Algunos psicólogos han logrado publicar libros sobre cómo las personas pueden protegerse de la influencia indebida provocada por personas con rasgos de la Tríada Oscura. Según psicólogos como Oliver James, en su libro de 2013 *Política de Oficina: Cómo Prosperar en un Mundo de Mentiras, Puñaladas por la Espalda y Trucos Sucios*, las tendencias de la Tríada Oscura aseguran que algunos empleados en el lugar de trabajo toman una ventaja nefasta con respecto a su progresión y crecimiento profesional. Cuando una persona es "triádica", por lo general exhibe todos los rasgos asociados con la Tríada Oscura, que pueden ayudar a avanzar en sus carreras a través del acoso y la manipulación de su camino en la organización. Algunos profesionales de negocios utilizan el término "piensa con avidez" y el enfoque principal es lograr sus objetivos sin importar el costo.

Patrick Fagan es profesor asociado en la Universidad de Londres y posee un conocimiento profundo de los comportamientos de los consumidores. Según Patrick Fagan, los rasgos de la Tríada Oscura pueden ayudar a una persona a abrirse camino en una organización incluso si no puede llevarse bien con otros empleados. Un narcisista siempre tendrá una alta autoestima y es posible que anhele los puestos de liderazgo dentro de una organización. Las personas psicopáticas también se centrarán en obtener grandes logros y no se preocuparán si sus ambiciones afectan a las personas que las rodean. En cuanto a los maquiavélicos, tienden a presentarse a sí mismos como buenas personas, pero son manipuladores.

Los rasgos de la Tríada Oscura también pueden provocar "psicópatas corporativos", que tienen un sentido disminuido de responsabilidad colectiva. Según Clive Boddy, profesor universitario con un doctorado en psicopatía empresarial, algunos de estos tipos de personalidad son comunes en el sector financiero y la administración pública.

Una persona con los rasgos de la Tríada Oscura siempre antepondrá sus necesidades a las de cualquier otra persona en el lugar de trabajo. Las tendencias de las personas con rasgos de la Tríada Oscura pueden derribar la organización. Si uno de los líderes dentro de la organización ha mostrado los rasgos de la Tríada Oscura, la organización no puede prosperar fácilmente. Si usted es un directivo, siempre debe estar atento a las personas con rasgos de la Tríada Oscura. Debe tratar con estas personas enérgicamente y proteger a los demás empleados de su influencia. En ocasiones, es posible que deba eliminar a personas de la organización cuando presenten algunas características no deseadas.

Puntos Clave

Anteriormente analizamos los rasgos de personalidad de la Tríada Oscura, que incluyen el maquiavelismo, el narcisismo y la psicopatía. Todos estos rasgos están asociados con la toxicidad, y una persona con tales rasgos puede causar fácilmente estragos en el lugar de trabajo. Siempre debe tener en cuenta que una persona que posea tales rasgos puede ser un gran triunfador y también puede ser potencialmente encantador y orientado a los logros.

Algunas herramientas pueden resultar útiles para identificar una personalidad de la Tríada Oscura. Si usted no es un psicólogo experto, no debe intentar realizar dicha evaluación individualmente. Si ha notado algún comportamiento negativo de algunos miembros del equipo, debe ponerse en contacto con el gerente de recursos humanos y para investigar el asunto. Su principal responsabilidad es asegurarse de haber gestionado el impacto provocado por los comportamientos negativos de algunos empleados en el lugar de trabajo. No debe diagnosticar a ninguna persona en el lugar de trabajo.

Los comportamientos negativos y dañinos deben abordarse de manera enérgica y activa. Algunas de las habilidades que puede necesitar al tratar con una persona con rasgos de la Tríada Oscura incluyen inteligencia emocional, asertividad y manejo de conflictos.

Capítulo 2: Los Nueve Rasgos de la Personalidad Oscura

Puede que conozca a personas narcisistas; sin embargo, otros rasgos de carácter pueden resultar intrigantes y menos conocidos. Según el estudio *Midiendo el Núcleo Oscuro de la Personalidad*, de Morten Moshagen, Ingo Zettler y Benjamin E. Hilbig, (2020), existen nueve rasgos oscuros de la personalidad y pueden estar relacionados, ya que provienen de una raíz común. Si una persona posee uno de estos rasgos, es un indicador de que puede poseer otros rasgos de personalidad oscura. El estudio que analizó los nueve rasgos oscuros de la personalidad se publicó en una revista arbitrada. Los rasgos incluyen:

- **Egoísmo** – es la preocupación asociada con el logro asociada con el logro de una persona a expensas de otras.
- **Maquiavelismo** – este rasgo se asocia con ser manipulador, tener una mala actitud y creer que el fin justifica los medios.
- **Desacuerdo moral** – es la capacidad de comportarse de manera poco ética sin sentirse remordimiento por el resultado.

- **Narcisismo** – este rasgo está asociado con la superioridad, el ensimismamiento excesivo y la extrema necesidad de atención.
- **Derecho psicológico** – es la creencia de sentirse superior a sus contrapartes.
- **Psicopatía** – este rasgo está asociado con la impulsividad y la falta de empatía.
- **Sadismo** – es el deseo de infligir daño físico o mental a otras personas y obtener placer de ello.
- **Interés propio** – es el deseo de mejorar su propio estatus social y financiero.
- **Malevolencia** – rasgo asociado con la voluntad de dañar a otros, y obtener satisfacción al dañarse a sí mismo.

Mientras estudiaban a diferentes individuos, los psicólogos han podido identificar a personas con diferentes rasgos de la Tríada Oscura. Hubo una superposición y las personas que obtuvieron una calificación más alta en un área tenían una alta probabilidad de obtener una puntuación más alta en otras áreas.

Según los autores del estudio Moshagen, Zettler y Hilbig, la raíz de todos estos rasgos se conoce como el "factor D" y se puede definir como la "tendencia a maximizar su utilidad independientemente de las repercusiones". La motivación fundamental de las personas con rasgos de la Tríada Oscura es que siempre se pondrán a sí mismos antes que otras personas.

Por ejemplo, el factor D es evidente en casos de incumplimiento de reglas, violencia extrema, engaño dentro de una empresa y mentiras. Si ha aprendido más sobre cómo evaluar el factor D de una persona, puede averiguar fácilmente si una persona puede participar en diferentes actos maliciosos.

Diferentes psicólogos han escrito sobre el factor D, y es algo similar al factor "g" de la inteligencia. Según el factor g, cuando una persona tiene una puntuación alta en un área determinada de la inteligencia, existe una alta probabilidad de que también tenga una puntuación alta en otras áreas.

De la misma manera, una puntuación alta en un área de la Tríada Oscura normalmente va de la mano con una puntuación alta en otras áreas. Algunos de los intentos de explicar los rasgos de la Tríada Oscura los ven como "indicadores" de una estrategia evolutiva adaptativa que está dirigida hacia la gratificación y la obtención de premios inmediatos. Además, estos rasgos pueden asociarse con beneficios reproductivos y la supervivencia de una persona.

En cuanto al "factor D", es bastante complicado y envolvente, ya que puede tener otras explicaciones.

¿Qué queda por analizar en este caso? Se debe realizar una mayor investigación para que podamos aprender más sobre los rasgos de la Tríada Oscura y cómo se relacionan, incluida la investigación que se centra en cómo cada uno de estos rasgos se desarrolla gradualmente en la vida de una persona. Los hallazgos son de cierta manera intuitivos y los estudios normalmente ayudan a demostrar que todos estos rasgos están interconectados, incluso si no hemos obtenido una comprensión completa de la interconexión en este caso.

Capítulo 3: Criminales Oscuros entre Nosotros

Antes de que una persona orqueste algo malicioso, es posible que haya pensado en todo durante un período prolongado, por ejemplo, en el caso de un tiroteo masivo. Es posible que se desconozca el motivo principal del autor; sin embargo, tras la investigación, resulta evidente que estas personas suelen tener comportamientos negativos que son perjudiciales para otras personas cercanas a ellas.

Algunos investigadores, como James Alan Fox y Monica J. DeLateur en su artículo *Tiroteos Masivos en América: Moviéndose Más Allá de Newtown* (2013), han investigado el asunto y la dificultad de identificar de antemano un posible tirador masivo, especialmente en una edad sensible. Sin embargo, es evidente que existen algunos patrones de pensamiento y comportamientos que suelen manifestarse con el tiempo, y los educadores también los encuentran, ya que pasan una cantidad considerable de tiempo con los alumnos. Los padres también están familiarizados con cada uno de estos patrones. La principal esperanza es que los niños que exhiben cada uno de estos rasgos puedan superarlos eventualmente. Algunos niños lo hacen; sin embargo, algunos no superan estos rasgos y pueden dañar a las personas que los rodean. Cuando los patrones se intensifican, es importante buscar ayuda y no esperar a que ocurra una acción seriamente maliciosa.

Cuando una persona se involucra en un crimen a una edad temprana, es una señal de que se avecinan problemas; no necesariamente un tiroteo masivo, sin embargo, el comportamiento de estas personas puede resultar en que otras personas resulten heridas económica, emocional y físicamente.

Las personas con rasgos de la Tríada Oscura también pueden mentir y, al mismo tiempo, culpar a otras personas por sus desgracias. Es posible que los padres y maestros no tengan la capacidad de controlar algunas de las decisiones que toman los niños; sin embargo, es posible que hayan notado algunas señales de advertencia.

Aunque los rasgos de la Tríada Oscura se manifiestan con el tiempo, los niños que simplemente exhiben algunos de estos rasgos no pueden ser etiquetados como "criminales", ya que no han hecho nada malo. Dado que los niños aún son pequeños, es posible que todavía estén aprendiendo sobre el mundo y puedan desarrollar más comprensión y empatía a medida que crecen. Pueden resultar ser buenas personas, por lo que es importante apoyarlos y trabajar con ellos, sin etiquetar a los niños negativamente.

Los niños son seres delicados y deben moldearse en consecuencia. Cuando nace un niño, la gente se esfuerza por investigar si el niño puede tener problemas de aprendizaje, discapacidades físicas y problemas emocionales. También debemos esforzarnos por asegurarnos de haber identificado otros problemas que los niños puedan estar sufriendo para que no puedan lastimar a sus compañeros o causarse daño a sí mismos, ya que no tienen ningún sentido de responsabilidad a una edad temprana, esto se obtiene con aprendizaje y madurez.

Se debe mejorar el sistema de salud mental. Debería haber algunas verificaciones de antecedentes estrictas y también deberían revisarse las leyes de armas. También deberíamos centrarnos en identificar algunos de los "errores" presentes en el proceso de pensamiento. Todos poseemos suficiente conocimiento sobre cómo podemos ayudar a los niños que muestran rasgos potencialmente dañinos. Los niños pueden ser asesorados en consecuencia y, con suerte, pueden desarrollar rasgos más positivos en el futuro. Enfóquese siempre en esa misión con sensibilidad y compasión.

Mente Criminal vs. Mente Cibercriminal

En esta sección, analizaremos la mente del ciberdelincuente y la mente del criminal. La psicología criminal también se conoce como psicología criminológica y es el estudio de los pensamientos, puntos de vista, acciones e intenciones de las personas que participan en diferentes formas de comportamiento delictivo. El estudio está relacionado con la antropología criminal y profundiza en los aspectos que llevan a alguien a convertirse en criminal. Además, el estudio también analiza las reacciones de una persona después de cometer un delito.

Con frecuencia se convoca a los psicólogos criminales al estrado del tribunal para que puedan servir como testigos, ya que poseen un conocimiento profundo de la mente criminal. Existen diferentes tipos de psiquiatría y también se ocupan de algunos aspectos del comportamiento delictivo. El comportamiento delictivo se puede denominar como cualquier forma de comportamiento antisocial que también sea punible por la ley y las normas dentro de una comunidad. Sin embargo, es complicado definir la mente criminal.

El Papel de la Psicología en el Sistema Legal

Los psicólogos y psiquiatras normalmente son profesionales con licencia y tienen la tarea de evaluar el estado físico y mental de una persona. También existen perfiladores, quienes tienen la tarea de buscar patrones en el comportamiento de una persona mientras intentan identificar a la persona que participó en un determinado delito. Algunos esfuerzos grupales también se enfocan en intentar responder diferentes preguntas psicológicas "comunes". Si un delincuente sexual está a punto de cometer un acto de reincidencia después de haber sido revindicado en la sociedad, ¿cómo se puede manejar ese problema? Otros problemas que surgen incluyen; ¿Está el delincuente sexual en condiciones suficientes para comparecer ante el tribunal? ¿Estaba sano el delincuente cuando cometió el delito?

Es posible que se requiera que un psicólogo criminalista lleve a cabo tareas de investigación, como examinar fotografías que se tomaron en la escena del crimen. También se les puede encomendar la tarea de entrevistar a la víctima y al sospechoso. A veces, a un psicólogo criminalista se le ocurre una hipótesis para evaluar qué podría hacer el delincuente después de ser liberado tras haber cumplido su condena.

La cuestión acerca de la competencia de una persona para ser juzgada depende del estado mental del delincuente cuando se involucró en el acto delictivo y cuándo está a punto de comparecer ante el tribunal. El psicólogo criminalista tendrá que evaluar la capacidad del delincuente para comprender los cargos que se le imputan y los posibles resultados que pueden surgir después de su condena. El delincuente también debe tener la capacidad de ofrecer ayuda a sus abogados mientras los defienden en la corte.

La cuestión de la responsabilidad penal tiene por objeto evaluar el estado de ánimo del delincuente cuando cometió el delito. El enfoque principal es si comprenden la diferencia entre lo que está bien y lo que está mal y cualquier cosa que esté en contra de la ley. La defensa de la locura no se usa comúnmente, ya que no se puede probar fácilmente. Si una persona tiene éxito con la defensa por demencia, será enviada a un centro hospitalario seguro durante un período prolongado en comparación con el período que habría cumplido en prisión.

Las Funciones de un Psicólogo Criminal

Las funciones de un psicólogo legal son los siguientes:

Clínica- en tal caso, se supone que el psicólogo debe evaluar a un individuo para que pueda emitir un juicio clínico. El psicólogo puede hacer uso de diferentes herramientas de evaluación, herramientas psicométricas o puede participar en una entrevista normal con el delincuente. Después de eso, se supone que deben tomar una decisión informada según el resultado de la entrevista. La evaluación es útil, ya que puede ayudar a la policía y otras organizaciones a determinar cómo se procesará al delincuente, en este caso. Por ejemplo, el psicólogo clínico puede averiguar si el delincuente está sano para poder soportar un juicio. También pueden determinar si el delincuente tiene una enfermedad mental, lo que se relaciona con su capacidad para comprender los procedimientos judiciales.

Experimental – en este aspecto, el psicólogo tiene la tarea de realizar una investigación sobre el caso. Pueden realizar algunos experimentos para poder ilustrar un punto determinado y al mismo tiempo proporcionar más información que se presentará como prueba en el tribunal. Pueden llevar a cabo evaluaciones de la credibilidad de testigos presenciales y de memoria falsa. Por ejemplo, pueden intentar evaluar si un testigo ocular puede detectar un objeto que está a 100 metros de distancia.

Asesoramiento – se supone que un psicólogo debe asesorar a la policía sobre cómo debe proceder con la investigación. Por ejemplo, pueden sopesar cuestiones como cuál es la mejor manera de entrevistar a un testigo ocular y al delincuente. También pueden influir en cuestiones sobre cómo puede actuar un delincuente después de cometer un delito.

Actuarial – es aquí donde el psicólogo hace uso de las estadísticas para poder informar un caso. Por ejemplo, se les puede asignar la tarea de proporcionar la probabilidad de que ocurra un evento. El tribunal también puede considerar la probabilidad de que una persona participe en ciertos actos, como profanar sexualmente a otra persona, después de haber cumplido su condena en la cárcel o después de haber sido liberada, si la evidencia en su contra no fue lo suficientemente sólida.

Perfilado

La elaboración de perfiles criminales también se conoce como elaboración de perfiles de delincuentes. Es el proceso de vincular las acciones de un delincuente con la escena del crimen. Las características del delincuente también garantizarán que la policía pueda priorizar y reducir todas las posibilidades al considerar a todos los posibles sospechosos. La elaboración de perfiles es relativamente nueva en lo que respecta a la psicología forense. El campo de la psicología forense ha crecido en las últimas dos décadas. Inicialmente, era un arte. Actualmente, es una ciencia rigurosa. Existen diferentes subcampos en psicología forense, incluida la psicología de investigación. En la actualidad, la elaboración de perfiles delictivos implica realizar una investigación intensiva y también algunos avances metodológicos rigurosos.

Los delincuentes generalmente se clasifican en función de factores como el sexo, la edad, las características físicas, la región geográfica y la educación. Al comparar algunas de las características similares, puede comprender fácilmente la motivación de un delincuente cuando decide participar en un comportamiento delictivo.

Algunas organizaciones de seguridad nacional e internacional, incluido el FBI, generalmente se refieren a la "elaboración de perfiles criminales" como "análisis de investigación criminal". Los analistas o perfiladores normalmente están capacitados. Durante el proceso de capacitación, aprenden sobre los aspectos conductuales de diferentes personas, y también sobre los detalles de escenas de crímenes violentos sin resolver, por lo que existen algunos rastros de psicopatía en la escena donde se cometió el crimen.

Un buen perfilador debe ser capaz de deducir las siguientes características después de llegar a la escena del crimen:

1. La cantidad de planificación que se incluyó en el crimen.
2. El grado de control descrito por el infractor.
3. La escalada de emociones en la escena del crimen.
4. El nivel de riesgo de la víctima y el delincuente.

5. La apariencia general de la escena del crimen. Puede estar organizada o desorganizada.

El perfilador puede continuar e interpretar el comportamiento del delincuente en función de la escena del crimen. Pueden analizar la situación con sus contrapartes.

Como psicólogo criminalista, es posible que deba considerar la elaboración de perfiles desde una perspectiva racial. La raza juega un papel importante en el sistema de justicia penal. En los últimos años, las prisiones estatales y federales han albergado a más de 475.900 reclusos de raza negra. El número de reclusos blancos ascendió a 436.500. La diferencia es bastante significativa. Algunas personas de raza negra están en prisión por estereotipos negativos. Estos estereotipos son ineficaces y algunos psicólogos criminales pueden determinar que la raza de una persona no contribuye a que sea violenta.

Existen conceptos ambientales, culturales y tradicionales que rodean a cada raza. Cada uno de estos conceptos juega un papel clave en psicología. Algunas personas pueden carecer de igualdad de oportunidades como resultado de la raza o el género, por ejemplo, y eso significa que tienen menos oportunidades de prosperar. Los psicólogos también tratan de evaluar si la prisión es el lugar más estable para ciertos delincuentes, ya que pueden haber cometido ciertos delitos como resultado de enfermedades mentales que no se abordaron anteriormente.

Psicología Criminal Aplicada

Para un psiquiatra criminalista, la pregunta principal es: "¿Qué delincuente se convertirá en paciente?" y "¿Qué paciente se convertirá en delincuente?" Otras preguntas que un psiquiatra debe hacerse es: "¿Qué fue primero, el trastorno mental o el crimen?" Los psicólogos deben analizar los factores ambientales y la genética de una persona mientras realizan la elaboración de perfiles, para ayudar a determinar si el sospechoso cometió el delito o no.

Algunas de las preguntas que los psicólogos criminales deben hacerse incluyen:

- ¿El trastorno mental está presente en este momento? ¿padecía el trastorno mental cuando estaba participando en el acto delictivo?

- ¿Cuál es el nivel de responsabilidad de la persona que cometió el delito?

- ¿Es el tratamiento la mejor opción cuando se intenta reducir los riesgos de reincidencia?

- ¿Existe la posibilidad de que el delincuente participe en otro delito y cuáles son los factores de riesgo en este caso?

Las evaluaciones psiquiátricas individuales normalmente son útiles, ya que ayudan a medir los rasgos de personalidad de un delincuente a través de pruebas psicológicas. Los resultados también se pueden presentar en la corte.

Capítulo 4: Quiz: ¿Posee una Personalidad Oscura?

A lo largo de los años se han formulado algunas pruebas que resultan útiles para medir los rasgos de la "Tríada Oscura".

Introducción

Los rasgos de personalidad de la "Tríada Oscura" son tres en total. Aunque cada uno de estos rasgos es independiente, todos están estrechamente relacionados y pueden tener alguna conexión malintencionada. Los tres rasgos incluyen el maquiavelismo (tener una actitud manipuladora), la psicopatía (falta de empatía) y el narcisismo (amor propio excesivo). La Tríada Oscura se evalúa normalmente en función de cada uno de estos rasgos mencionados. Los rasgos de la "Tríada Oscura" también se pueden medir individualmente. Para medir el narcisismo, los psicólogos utilizarían el NPI (Inventario de Personalidad Narcisista). El MACH-IV se utilizó para medir el maquiavelismo, y la psicopatía se midió utilizando el LSRP (Escala de Psicopatía de Autodiagnóstico de Levenson). Las diferencias entre cada una de estas pruebas están presentes en su aspecto de análisis. Una prueba que se desarrolló recientemente incluye la *Tríada Oscura Reducida (SD3): Una Breve Medida de los*

Rasgos Oscuros de la Personalidad, desarrollada por Daniel N. Jones y Delroy L. Paulhus en 2013, y es útil, ya que produce una evaluación uniforme.

Procedimiento

Esta es una prueba que se compone de 26 afirmaciones que deben calificarse dependiendo de cuánto se identifique una persona con ellas. La prueba no debería tomar mucho tiempo. Es posible completar la prueba en aproximadamente cinco minutos.

Participación

Esta evaluación solo debe usarse con fines educativos. Los resultados de la prueba no deben utilizarse al ofrecer asesoramiento psicológico. Si está interesado en aprender más sobre los rasgos de personalidad de la "Tríada Oscura" y cómo se debe evaluar cada rasgo, no debe realizar esta prueba de participación, debe buscar el consejo de un profesional capacitado. Esta prueba informal se utiliza con fines de investigación y debe realizarse de forma anónima.

	En desacuerdo	Neutral	De acuerdo
La gente me considera como un líder natural.			
No es prudente contar sus secretos.			
La venganza debe ser rápida y perversa.			
Evito situaciones peligrosas.			
Me agrada usar la manipulación inteligente para tomar ventaja a mi favor.			
Muchas actividades grupales tienden a ser aburridas sin			

mí.			
Es aconsejable realizar un seguimiento de la información que puede usar contra las personas más adelante.			
Insisto en conseguir el respeto que merezco.			
No soporto ser el centro de atención.			
Hay cosas que debe ocultar a otras personas porque no necesitan saberlo.			
Me agrada vengarme de las autoridades.			
La gente suele decir que estoy fuera de control.			
Soy una persona normal.			
Cueste lo que cueste, debe conseguir que las personas importantes estén de su lado.			
Debe esperar el momento adecuado para ponerse en contacto con otros.			
Diría cualquier cosa para conseguir lo que quiero.			
Se asegura de que sus planes lo beneficien a usted, no a otros.			

Nunca he tenido problemas con la ley.			
Sé que soy especial porque todo el mundo me lo dice.			
La mayoría de las personas pueden ser manipuladas.			
Evito los conflictos directos con los demás porque pueden resultar útiles en el futuro.			
La gente que se mete conmigo siempre se arrepiente.			
Me agrada familiarizarme con gente importante.			
Disfruto teniendo sexo con gente que apenas conozco.			
Me han comparado con gente famosa.			
Es cierto que puedo ser cruel con los demás.			

Según la tabla anterior, su respuesta se califica del 1 al 3. Los resultados siempre se emiten después de haber respondido todas las preguntas del cuestionario.

PARTE 2: Control Mental, Engaño y Manipulación

Capítulo 5: Hechos Inusuales sobre el Control Mental

Control mental – el término se refiere a la controvertida teoría que propone que es posible influir en el pensamiento, las emociones, el comportamiento y las decisiones de una persona por parte de fuentes externas. El control mental también se conoce como "reeducación", "lavado de cerebro" y "persuasión coercitiva", así como "barrido del cerebro", "reforma del pensamiento" y "control del pensamiento".

Hechos Inusuales sobre el Control Mental

Cultos – existen diferentes cultos en todo el mundo y, por lo general, se centran en lavar el cerebro a sus seguidores mediante el control mental. Algunos cultos conocidos son iglesias autoproclamadas y otros movimientos religiosos. Cada culto hace uso de diferentes técnicas de control mental, incluido el aislamiento y la privación del sueño, en un intento por debilitar el estado mental del objetivo y también para hacer que las personas sean susceptibles a diferentes adoctrinamientos religiosos.

En algunos casos, las personas que han sido adoctrinadas en una de estas iglesias se someten primero a las enseñanzas bíblicas de forma continua durante aproximadamente 21 días. Las sesiones de enseñanza son normalmente intensas y, por lo general, anulan la capacidad de una persona para ver la realidad tal como es, y los líderes de la secta se aprovechan de sus seguidores. Los líderes de la secta tienen éxito en sus esfuerzos al anular completamente los pensamientos, las habilidades de pensamiento crítico, las emociones, los pensamientos y el comportamiento de una persona.

Toxoplasma/Toxoplasmosis – se trata de un organismo unicelular y existe una creciente evidencia de que puede alterar el comportamiento de una persona. El parásito normalmente afecta a los seres vivos, como las ratas, y puede alterar su comportamiento para que sean menos renuentes al riesgo; por ejemplo, pueden tener menos miedo a los depredadores como los gatos. El parásito también puede afectar a los humanos. Cuando los humanos consumen carne, tierra o excremento de gato contaminados, pueden infectarse con el parásito.

El Aliento del Diablo – el término se deriva de un árbol en Colombia conocido como árbol de Borrachero. Se cree que la escopolamina afecta a las personas que entran en contacto con ella y entran en un estado zombi cuando el polvo les cae en la cara. Los síntomas del aliento del diablo incluyen pérdida del libre albedrío, confusión y pérdida de memoria.

Cuando una persona se expone al aliento del diablo, normalmente se vuelve susceptible. Algunas personas afirman haber cometido delitos mientras estaban bajo la influencia del aliento del diablo. Cuando una persona comete un delito bajo la influencia de esta droga, es posible que no recuerde exactamente lo que sucedió. Por ejemplo, un atacante puede drogarlo y usted puede terminar atendiendo todas sus demandas. Algunos atacantes pueden atraerlo de tal manera que los lleve a su casa, y ellos seguirán adelante y se llevarán todos los objetos de valor presentes en la casa.

Psicocirugía – este es un medio controvertido utilizado para tratar diferentes trastornos psicológicos. El procedimiento se administró con una varilla roma a través del ojo o la sien, y parte del tejido cerebral sería destruido. El procedimiento se conoce comúnmente como lobotomía y se usaba para tratar a personas que tenían trastornos mentales como la esquizofrenia. Después de someterse a la psicocirugía, los pacientes se tranquilizarían; sin embargo, mostrarían algunos efectos secundarios graves, como pérdida de memoria, pérdida de emociones, comportamiento infantil y funcionamiento intelectual reducido. La psicocirugía todavía se utiliza en la era actual; sin embargo, se utiliza como último recurso.

El Toro de Control Remoto – la técnica fue creada por el Dr. José Delgado en 1963, y logró controlar a los toros usando un chip que se implantaría en su cerebro. Cuando el toro comenzaba a cargar, Delgado usaba un botón remoto para detenerlo. El chip usaría un "stimoceiver" y estimularía algunas partes del cerebro. Algunos investigadores han estado investigando los experimentos llevados a cabo por el Dr. Delgado y seguramente mejorarán de manera significativa la tecnología. Con el tiempo, pueden utilizar la técnica en animales como ratas, tiburones y palomas.

Delirios Controlados por la Mente – algunos investigadores han estado usando la hipnosis mientras investigaban los delirios y la psicosis en personas sanas. Mediante la hipnosis, un científico puede tomar el control de la mente de una persona para hacer que alucine, mientras registra el efecto de la hipnosis en cada paciente. Mientras están hipnotizados, los pacientes normalmente tienen una experiencia extracorporal, y normalmente sienten que un titiritero los está manipulando como marionetas.

Hipno-ataque – existen algunos casos en los que las personas han sido asaltadas después de haber sido hipnotizadas. Por ejemplo, un ladrón puede actuar de manera amigable y, después de unos minutos, puede ponerle en trance. Cuando un ladrón aprende más sobre la hipnosis, puede atacar fácilmente a diferentes personas y asaltarlas a plena luz del día. La hipnosis no es una técnica común cuando se trata de asaltar personas.

MK-ULTRA – este es el nombre de un código que se refiere a diferentes experimentos que llevó a cabo la CIA durante la década de 1950. Los experimentos se llevaron a cabo utilizando diferentes métodos, como las drogas psicoactivas, la privación sensorial y el aislamiento, y el enfoque principal fue alterar las funciones cerebrales y el estado mental de una persona, el programa destinado a crear espías contra su propia voluntad. El programa MK-ULTRA logró manipular el estado mental de diferentes personas.

Mensajes Subliminales – los "mensajes subliminales" se refieren a la capacidad de transmitir un mensaje a otra persona, y esta no podrá reconocer el mensaje conscientemente. Ha habido algunos informes de que existen algunos mensajes subliminales en películas y anuncios. Algunos videos musicales también contienen mensajes subliminales. Los mensajes, en este caso, pueden estar relacionados con la compra de diferentes productos, por ejemplo. Pero este tipo de mensajes subconscientes potencialmente podrían tener un efecto más siniestro, dependiendo del mensaje. A lo largo de los años, han existido diversos debates sobre mensajes subliminales.

Soldados de Ultrasonido – el gobierno de los Estados Unidos tiene una agencia de investigación conocida como DARPA. La agencia normalmente está financiada por el gobierno para que pueda desarrollar cascos militares que puedan usarse para infligir control mental mediante frecuencias de ultrasonido.

El control mental es posible dependiendo de las áreas del cerebro que se estén estimulando. Se espera que el clic de un botón pueda manipular la mente de un soldado como una forma de mejorar sus capacidades de combate mientras van a la guerra. Se supone que los dispositivos ultrasónicos están incrustados en los cascos que deben usar los soldados y, a su vez, pueden transformar a los soldados en una máquina de combate imparable. En teoría, los cerebros de los soldados pueden ser estimulados y no sentirán ningún dolor, fatiga o miedo. Los investigadores han estado investigando el asunto y actualmente están realizando algunos experimentos con gusanos. Por el momento, es posible controlar la dirección en la que viajan los gusanos mediante el uso de la tecnología de ultrasonido que eventualmente podría usarse para controlar a los soldados en el campo de batalla.

A lo largo de los años, han surgido muchos mitos sobre el lavado de cerebro y el control mental. Como estudiante, puede que esté acostumbrado a analizar varios problemas desde cierto ángulo, y puede obtener sus propias conclusiones en el proceso.

Control Mental Diario

Como especialista en marketing, su enfoque puede residir en cómo puede manipular a diferentes personas utilizando diferentes técnicas, de modo que puedan ceder a su voluntad. Algunas de las técnicas diarias de control mental a las que se someten las personas incluyen:

El color de una píldora puede engañarlo haciéndole creer que funciona de manera efectiva.

En el escenario de la película *The Matrix* (1999), se le pidió al personaje Neo que eligiera entre la píldora "roja" y la "azul". La pastilla azul lo pondría a dormir, pero la pastilla roja aseguraría que se despertara a la "realidad". Esto podría ser un ejemplo sobre el aparente impacto psicológico del color, ya que muchas pastillas para dormir en la farmacia son de hecho azules.

Algunas personas pueden asumir que es el efecto placebo. En este caso, importa mucho la forma en que percibes las diferentes cosas, especialmente en lo que respecta a los productos que consumimos.

MK-ULTRA

La Guerra de Corea tuvo lugar en la década de 1950. La guerra no fue fácil para Estados Unidos y la nación estaba experimentando serios desafíos, especialmente cuando se trataba de la Unión Soviética. Estados Unidos tuvo que buscar la forma de ganar la guerra, y fue entonces cuando se centró en el cerebro humano. En 1952, Allen Dulles dirigía la CIA. Como director de la CIA, continuó expresando sus preocupaciones sobre la guerra.

About MK-Ultra

Como director de la CIA, Dulles siguió adelante con el programa MK-Ultra. El programa fue clasificado y comprendió el uso de armas químicas y biológicas, privación sensorial, hipnosis, abuso verbal y sexual y aislamiento. Siempre que Estados Unidos capturaba a un prisionero de guerra, lo torturaba para obtener información sobre el enemigo. Los prisioneros de guerra quedarían entonces incapacitados.

El programa MK-Ultra tenía como objetivo crear un "suero de la verdad" para forzar la información de personas sospechosas de ser espías soviéticos. La CIA tenía la esperanza de que aumentaría la capacidad de una persona para recordar algunas piezas complejas de información y la disposición de varios objetos físicos. Los principales objetivos del programa MK-Ultra fueron:

1. Producir conmoción y confusión durante periodos prolongados.

2. Hacer que la víctima envejeciera más rápido o más lento de lo normal.

3. Hacer imposible realizar actividad física.

4. Mejorar la capacidad de soportar privaciones, torturas y coacción durante el interrogatorio.

5. Promover el pensamiento ilógico y la impulsividad para que un destinatario sea desacreditado en público.

6. Menor ambición y eficiencia laboral.

7. Debilitar o distorsionar la vista o el oído.

8. Incrementar la actividad mental y la percepción.

9. Noquear a alguien con el uso de drogas administradas subrepticiamente en bebidas, alimentos, cigarrillos o en forma de aerosol.

10. Alterar la estructura de la personalidad haciendo que el receptor se vuelva diferente de otra persona.

11. Causar daño cerebral temporal o permanente y pérdida de memoria.

12. Producir discapacidad física, como parálisis de las piernas.

13. Producir amnesia por eventos tanto previos como durante los experimentos y el uso de un prisionero.

Sobre el LSD

La CIA estaba llevando a cabo una investigación MK-Ultra en colegios, universidades y compañías farmacéuticas en América del Norte. La CIA ha expresado un interés específico en el LSD (dietilamida del ácido lisérgico). La medicina se descubrió por primera vez en Suiza y la droga induce un estado mental que es similar a la despersonalización, esquizofrenia, desintegración y desorganización psíquica. El principal efecto de la droga era que podía romper las defensas del carácter de una persona para manejar casos de ansiedad.

Posteriormente la CIA administraría la droga a sus propios empleados, médicos, personal militar y agentes gubernamentales sin conocimiento previo. Al hacerlo, la CIA había violado el Código de Nuremberg. El código se introdujo después de la Segunda Guerra Mundial y estaba destinado a garantizar que cesarían los experimentos en humanos. En algún momento, los prisioneros también formaron parte de los juicios humanos. Las personas que tomaban LSD experimentaban pérdida de apetito, paranoia y también alucinaban.

Capítulo 6: Detección de Engaños: Cómo Identificar una Mentira

Detectando el Engaño

Existen diferentes formas de detectar el engaño en una declaración oral o escrita.

Cómo Detectar una Anomalía

Algunos profesionales poseen un conocimiento profundo del análisis de textos lingüísticos. El análisis implicará el estudio de la gramática, el lenguaje y la sintaxis, y la agenda principal es aprender cómo se describe un evento, en un intento por detectar cualquier anomalía. Como investigador experimentado, se le asignará la tarea de detectar algunas de las señales no verbales de los sujetos. Se concentrará en el movimiento de los ojos y el comportamiento verbal. También se estudiarán las declaraciones orales.

Señales de Engaño

Algunos de las señales del engaño son los siguientes:

1. La falta de autorreferencia

Si una persona es sincera, utilizará el pronombre "yo" cuando describa lo que sucedió. Por ejemplo, una persona honesta seguirá adelante y afirmará: "Llegué a casa y fui directamente al dormitorio. Después de eso, fui a hablar con mi madre y tuvimos una larga charla". Esa es solo una declaración de ejemplo. Como podemos ver, el pronombre "yo" aparece dos veces en la declaración proporcionada.

Las personas engañosas utilizarán un lenguaje que minimice el número de referencias "yo". Durante una declaración oral, el testigo o sospechoso puede terminar omitiendo algunos datos importantes; esto puede suceder incluso cuando están emitiendo una declaración escrita informal.

2. Responder una Pregunta con una Pregunta

Aunque una persona pueda ser un mentiroso, preferirá no participar en el acto de mentir. Cuando una persona miente, corre el riesgo de ser detectada. Antes de responder una pregunta con una mentira, debe evitar responder a la pregunta a toda costa. Cuando se trata de actuar de forma dudosa, las personas a menudo pueden responder una pregunta con otra pregunta. Los investigadores siempre deben estar atentos a las personas que respondan una pregunta con otra pregunta.

Después de hablar sobre el engaño, ahora veremos cómo detectar a un mentiroso. Dado que el FBI es una organización de seguridad, está preparado para sopesar el asunto de cómo detectar a un mentiroso. Los siguientes consejos pueden resultar útiles al detectar a un mentiroso:

3. Enfocarse en construir una buena relación

Es evidente que un "policía bueno" siempre mostrará mejores resultados en comparación con un "policía malo". Durante una entrevista, una persona puede parecer empática y acabará obteniendo acceso a más información en comparación con la persona que parece fría. También es recomendable evitar ser acusador durante el proceso de interrogatorio.

4. Sorprender a los Sospechosos

Un individuo engañoso siempre intentará anticipar su próximo movimiento. Por ejemplo, pueden tratar de anticipar su próxima pregunta para asegurarse de que cada respuesta que están emitiendo parezca natural. Siempre debe hacer preguntas inesperadas.

5. Escuchar más de lo que Habla

Si usted es un mentiroso, se concentrará en hablar más y su objetivo principal es asegurarse de parecer legítimo. Además, se centrará en ganarse a un determinado público objetivo. Algunos mentirosos pueden hacer uso de algunas oraciones complejas para poder ocultar la verdad.

Debe tener en cuenta lo siguiente:

> • Cuando las personas están estresadas, tienden a hablar más rápido.

> • Una persona estresada hablará en un tono más alto.

> • Los mentirosos suelen aclararse la voz y toser con regularidad, y eso significa que están experimentando cierta tensión.

Aunque se supone que las declaraciones que se han mencionado anteriormente le ayudarán a descubrir cómo detectar a un mentiroso, es recomendable tener en cuenta que algunas personas pueden mostrar algunos signos de tensión, pero eso no es un indicador de que le estén mintiendo. En caso de que haya notado alguna de las acciones mencionadas, debe proceder con precaución.

6. Prestar Atención a Cómo una Persona Dice, "No"

Al involucrar a un sospechoso, debe prestar mucha atención a cómo pronuncia la palabra "No". Una persona que muestre un comportamiento inusual siempre se enfrentará en otra dirección cuando diga "No". También pueden parecer indecisos y pueden cerrar los ojos.

7. Estar Atento en los Cambios en el Comportamiento

Cuando una persona cambia su comportamiento, es un indicador de que puede estar participando en un comportamiento engañoso. Debe tener cuidado cuando una persona emite algunas respuestas breves a diferentes preguntas. Además, pueden fingir que están sufriendo una pérdida de memoria, especialmente en un momento crítico. También pueden comenzar a hablar formalmente y pueden comenzar a emitir algunas respuestas exageradas.

8. Siempre Pregunte por la Historia Inversa

Si una persona es sincera, agregará algunos detalles y se centrará en recordar más historias sobre lo que sucedió. Un mentiroso comenzará memorizando la historia y se apegará a una narrativa. Si agregan algunos detalles, al observarlos de cerca, notará que no coinciden. Si sospecha que alguien es engañoso, debe pedirle que recuerde el evento al revés, en lugar de emitir la narrativa desde el principio hasta el final. Puede pedirles que hablen más sobre lo que sucedió justo antes de cierto punto. Una persona que dice la verdad suele recordar muchos detalles. Un mentiroso simplificará la historia y también se contradecirán.

9. Ser Precavido con los Cumplidos de las Personas

Aunque los cumplidos son buenos, solo son buenos si una persona genuina los ha emitido. Siempre debe estar atento a una persona que esté tratando de causar una buena impresión. Cuando está de acuerdo con todas las opiniones emitidas por una persona y también se ríe de todas sus bromas, es un indicador de que puede ser poco sincero.

10. Realizar una Pregunta de Seguimiento

A la gente no le agrada tratar con mentirosos; sin embargo, es recomendable recordar que a veces las personas se sienten incómodas con algunas preguntas, ya que evitan situaciones de vergüenza personal. Además, algunas personas pueden depender en gran medida del resultado de una conversación específica.

Por ejemplo, durante una entrevista de trabajo, una persona puede tener la tentación de ocultar los detalles sobre por qué pueden haber sido despedidos de su trabajo anterior. Aunque la persona puede estar calificada y su personalidad es buena, es posible que oculte algunos de estos detalles, ya que necesita un trabajo con urgencia. Durante la entrevista, una persona puede emitir una respuesta que puede parecer desconcertante. Si durante una entrevista le desconciertan algunas de las respuestas, puede hacer algunas preguntas de seguimiento. Si tiene dudas, puede continuar haciendo preguntas. Con el tiempo, podrá detectar si una persona es engañosa o no.

Capítulo 7: ¿Qué Hace una Secta? 10 Signos Reveladores de Lavado de Cerebro

El control mental es una gran disciplina que abarca tanto el tema de los cultos como de las sectas. Se trata de pequeños grupos que utilizan el engaño para controlar la mente mientras aplican tácticas para aprovechar la vulnerabilidad de los demás. Estos grupos también aplican varias tácticas modernas y probadas que pueden terminar exponiendo a otros al peligro. Los líderes de las sectas también aplican estos métodos para llamar la atención de los seguidores. Un culto uno a uno a menudo se define como una relación íntima en la que un individuo abusa de su poder para manipular a otro. Podría ser un maestro, un predicador o un funcionario del gobierno. También podría ser un terapeuta que busca extorsionar a un cliente. En un caso diferente, también podría tratarse de una relación abusiva y controladora entre una pareja.

Desintegrando la psicología del culto

Las sectas son conocidas por captar la atención de las personas en función de los servicios y productos que afirman ofrecer a largo plazo.

A la vez fascinante y aterrador, los estudiantes pueden buscar comprender las lecciones que se pueden obtener de estas sociedades "secretas". La pregunta principal suele ser, ¿de dónde viene la gestión? ¿Cuáles son algunos de los elementos psicológicos del culto? ¿Quién viviría por ello? Para responder con éxito a estas preguntas, algunas personas también se han visto atraídas a unirse a una secta.

Dicho esto, vivimos en un mundo repleto de desafíos donde las personas tienen problemas abstractos que deben resolverse con urgencia. Como tal, estas personas pueden ser vulnerables y viven tratando de encontrar varias soluciones. Las mismas personas pueden buscar soluciones en lugares equivocados. Según el Dr. Adrian Furnham, quien describe el tema en *Psychology Today*, se sabe que las personas anhelan la claridad en todas las formas posibles. Por tanto, algunas personas quedan cegadas por el ofrecimiento de "claridad" de quienes quisieran aprovecharse de ellas. Las sectas atraen a personas de todos los orígenes y etnias, pero a menudo estas personas tienen una cosa en común: baja autoestima. Están enfocados en mejorar sus vidas y son manipulados por los mensajes a menudo simples de los líderes de las sectas, quienes prometen las "respuestas" concretas que buscan. La persona promedio está intrigada por la idea general de una secta y su impacto en la vida de las personas.

Muchas personas también han reclutado con éxito a otros en sus cultos para conservar la vida del árbol genealógico. Generalmente, las personas de una secta no buscan reclutar personas con problemas de salud, como discapacidades o personas deprimidas. Se prefiere a las personas con baja autoestima, ya que son vulnerables y buscan la aprobación externa y las respuestas para sentirse bien. Cuando es posible, las sectas tienden a aprovecharse de otras personas que necesitan urgentemente el apoyo de la comunidad cuando se trata de cuestiones de bienestar físico y mental. La mayoría de las veces, estas personas se ven comprometidas de una forma u otra. Eventualmente, la idea es hacer crecer los seguidores de una secta, extender su vida y relevancia. Las sectas generalmente no están motivadas para reclutar lo mejor de los cerebros del mundo, ya que puede ser un desafío controlar a esas personas.

Una vez que las personas han sido admitidas en un culto, generalmente son apremiadas con amor y cuidado. Esta es una estrategia que se usa comúnmente en alguien con baja autoestima, ya que se siente halagado, seducido y alabado; esto entrena su cerebro para considerar el culto como una fuente de amor y aceptación. En el mundo de hoy, existen muchas cuestiones abstractas que causan confusión en la gente, lo que lleva a algunas personas a buscar respuestas "concretas" dentro de un entorno de culto. Estos problemas deben ser abordados por psicólogos profesionales, que entiendan cómo se administran las sectas. Se sabe que los líderes de las sectas promueven mensajes que tienen sentido en ese momento. Más allá del escenario y en la realidad, tales mensajes no tienen sentido. No contienen ningún contenido que pueda fundamentarse.

Algunas investigaciones sugieren que las mujeres tienen más probabilidades de unirse a una secta que los hombres. ¿Por qué, puedes preguntar?

Según el Dr. David Bromley, de la prestigiosa Virginia Commonwealth University, a las mujeres les intriga el hecho de que pueden cambiar fácilmente sus estilos de vida con solo unirse a una secta. Por lo tanto, esto los vuelve estadísticamente más propensos a convertirse en miembros de cultos que los victimizarán a largo plazo. Esto también se debe a que las mujeres son más vulnerables y se sienten seducidas por el atractivo de obtener diversas ventajas prometidas, incluido el acceso a la educación y los fondos para cuidar de sus hijos. También podría estar relacionado con la opresión histórica de la mujer. Las mujeres jóvenes que no se sienten independientes a veces pueden sentirse atraídas por una secta; al unirse, sienten que se están "haciendo cargo" de su propia vida. Para esas mujeres, se trata de aprovechar la oportunidad y crear una vida mejor para ellas. Según la opinión de muchos psicólogos prominentes, como el Dr. Stanley H. Cath, muchos de estos miembros de la secta necesitan tratamiento después de estar inmersos en ella. Desde su experiencia de primera mano, está claro que esta es una tendencia interesante que afecta a masas de personas en diferentes partes del mundo. Muchas personas que se unen a cultos han experimentado la religión en sus vidas y también lo han rechazado. Quizás esto sea bastante sorprendente hasta cierto punto, ya que las sectas son conocidas por ser religiosas. En opinión del Dr. Cath, está claro que esta es una tendencia y un signo importante de un problema más profundo que debe abordarse en la sociedad. Algunas de las personas que terminan uniéndose a las sectas son inteligentes y exitosas en los negocios, por ejemplo. Aparte de eso, muchas personas que se han unido a estas sectas son conocidas por estar expuestas al abuso físico y emocional en algún momento de sus vidas.

Los cultos y las sociedades secretas son poderosos, ya que aíslan a los miembros de sus vidas iniciales que no estaban relacionados con el culto. Rompen la identidad anterior de una persona y construyen una nueva, cultivando una mentalidad de "nosotros" frente a "ellos". Como tal, los líderes de una secta tenderán a convencer a sus víctimas de que se separen de la sociedad en la que crecieron. Para lograrlo con éxito, el líder de la secta es generalmente amable y debe dominar las tácticas del control mental y cómo aplicarlas para su beneficio personal.

Diez señales de ser parte de una secta incluyen:

1. El Líder es Normalmente la Máxima Autoridad

Si no está en condiciones de criticar a su líder, significa que posiblemente se encuentre en una secta. Los líderes carismáticos son quienes forman las sectas, y siempre afirman tener algún conocimiento especial. En algunos casos, pueden referirse a sí mismos como "mesías" o "mensajeros". Los líderes de culto también pueden manifestarse en forma de oficiales militares, ejecutivos dentro de una empresa o incluso políticos. Los líderes de las sectas normalmente convencen a sus miembros de que ignoren el pensamiento crítico, por lo que tienen un sentido de pertenencia, propósito y autoridad sobre ellos. Los miembros no pueden cuestionar la evidencia presentada por el líder de la secta. El líder siempre tiene la razón y nunca deben ser cuestionados, incluso cuando engañan al rebaño. Está prohibido criticar a los líderes.

2. El Grupo Suprime el Escepticismo

Si solo puede estudiar su organización utilizando fuentes aprobadas, existe la posibilidad de que se encuentre en una secta. Las sectas generalmente consideran el pensamiento crítico como una amenaza y se enfocan en reprimirlo. Si usted es uno de los miembros que dudan, se le animará a que se aísle de los demás para que no pueda someterlos a una influencia indebida. Debe centrarse principalmente en las doctrinas del culto. En una secta, está prohibido criticar a los líderes. Los miembros de una secta también tienen prohibido consultar material que no se alinee con las doctrinas de la secta.

3. El Grupo puede Deslegitimar a Antiguos Miembros

Si le resulta difícil dejar cierto grupo, es un indicador de que puede ser parte de una secta. El culto normalmente se considera a sí mismo como la autoridad principal y debe evitar que los miembros se vayan en ningún momento dado. Los líderes de las sectas suelen inventar narrativas falsas destinadas a engañar a los miembros y disuadirlos de irse. Si un miembro habla, se lo percibe como rencoroso, malvado, deshonesto y enojado. Las sectas evitarán a los miembros que vayan en contra de las doctrinas, para evitar que influyan en otros miembros.

4. El Grupo puede ser Paranoico sobre el Mundo Exterior

Si un grupo comienza a hablar de que el fin del mundo está cerca, es un indicador de que pueden ser parte de una secta. El culto se posicionará para hacer creer a los miembros que el mal del mundo exterior no puede afectarlos. Tales cultos generalmente prosperan en teorías de conspiración, complejos de persecución y pensamiento catastrófico. En un intento por atraer más miembros, estas sectas aseguran que sean agresivas al reclutar personas. También pueden afirmar que están "salvando" a las personas del mal que está presente en el mundo. Cuando una persona rechaza el mensaje de la secta, se le califica de "estúpida" o "malvada".

5. El Grupo Depende en Gran Medida de los Ciclos de la Humillación

Si normalmente confía en su grupo para sentirse amado, suficiente o digno, significa que está en una secta. Los líderes de las sectas normalmente se enfocan en asegurarse de que han atrapado a sus miembros en ciclos de humillación. Impondrán un código de conducta estricto. Elaborarán indicaciones sobre la apariencia, la dieta y las relaciones. Cuando los miembros del culto hacen que otros miembros se sientan culpables, se posicionan como únicos. Cuando uno de los miembros se sienta indigno, comenzará a hablar más sobre sus defectos con el líder de la secta. El líder aprovechará esta oportunidad para afianzar aún más su poder sobre él, y decidirá si el miembro es digno o no.

6. Los Líderes de las Sectas Suelen Estar por Encima de la Ley

Los líderes de las sectas tienden a asumir que están por encima de la ley, y por esa razón se enfocan en explotar a sus miembros sexual y económicamente, y no hay repercusiones. Cuando un líder de una secta es detenido y confrontado, no confesará sus malas acciones. Aparecerán justificaciones de por qué participan en diferentes actos. Un miembro de la secta leal también intentará justificar el comportamiento de su líder.

7. El Grupo puede Utilizar Ciertos Métodos para Reformar los Pensamientos de sus Miembros

Los líderes de una secta siempre harán uso de diferentes técnicas de lavado de cerebro para que puedan romper el sentido de identidad de cada miembro y su capacidad para pensar con claridad. Los miembros participarán en prácticas como la oración, el ayuno, la lectura de las escrituras, la meditación, el canto y, en ocasiones, el abuso de drogas. Al final de todo, la persona será vulnerable y responderá más fácilmente a las sugerencias de los líderes de la secta. Estos métodos para terminar con el pensamiento han demostrado ser efectivos y la gente seguirá ciegamente a sus líderes. Los miembros del culto tampoco analizarán algunos de los problemas complejos que pueden surgir de vez en ocasiones.

8. El Grupo es Elitista

Si el grupo en el que se encuentra es la "solución" a diferentes problemas del mundo, significa que forma parte de una secta. Las sectas generalmente se ven a sí mismas como ilustradas y transforman radicalmente a diferentes individuos en todo el mundo. El elitismo generalmente crea alguna forma de responsabilidad y unidad, y se centra en un propósito común. Los líderes de las sectas también pueden manipular a los seguidores para que participen en comportamientos subordinados, como favores sexuales, comportamientos financieros arriesgados y trabajo manual gratuito.

9. No Existe Transparencia Financiera

Si no se le permite saber más sobre lo que sucede con el dinero en un grupo, significa que pertenece a una secta. Es posible que el grupo no revele cómo se están utilizando las finanzas y eso genera una señal de alerta. Los líderes de las sectas continuarán llevando la vida de sus sueños y los seguidores tendrán la tarea de hacer contribuciones financieras en ocasiones. También se alentará a los miembros a contribuir con algo de dinero independientemente de su situación.

10. El Grupo puede Realizar Rituales Secretos

En un culto, pueden existir algunas enseñanzas secretas. Si no pertenece a una secta, puede asumir que la existencia de ritos secretos es más un mito; sin embargo, después de unirse a una secta, aprenderá sobre la realidad de las ceremonias y las enseñanzas secretas involucradas. Los cultos utilizan las ceremonias secretas como un rito de iniciación, y su objetivo es solidificar la lealtad de los miembros. La iniciación tiene lugar después de que un miembro haya participado en diferentes pruebas. En algunos casos, el miembro solo está obligado a realizar una contribución financiera. Las iniciaciones de cultos son inusuales y confusas. Después del rito de iniciación, los miembros del culto se vuelven más leales, ya que ahora forman parte del "círculo íntimo". Estos miembros son más susceptibles, especialmente después de someterse al rito de iniciación para consolidar su membresía en un culto.

Capítulo 8: Manipulación de Medios: Estrategias y Cómo Identificarlas

Manipulación de medios

Algunas de las tácticas y técnicas que utilizan varios medios de comunicación incluyen la manipulación psicológica, las falacias lógicas, el uso de preguntas retóricas, el uso de propaganda y el engaño absoluto. El enfoque principal de este tipo de organización mediática es suprimir la información y los puntos de vista de la población objetivo, mientras dicta cuáles deben ser sus opciones y pensamientos. Algunas personas se verán obligadas a escuchar argumentos específicos unilaterales. La atención de la gente también puede desviarse a otra parte, lejos de los problemas reales.

En esta sección se analizarán algunas de las estrategias de manipulación de medios que se utilizan actualmente. De hecho, existe una gran cantidad de personas que pueden no ser conscientes de la "manipulación de los medios". Aunque las personas carecen de conocimientos básicos sobre lo que implica la manipulación de los medios, algunos investigadores han dado el paso audaz de elaborar una lista de diferentes técnicas que son utilizadas por individuos engañosos, como políticos y medios de comunicación que los apoyan, ya que buscan controlar al público.

Al analizar las diferentes técnicas de manipulación de los medios, el enfoque principal es aprender sobre las técnicas utilizadas al realizar la manipulación masiva. Las estrategias de manipulación de los medios funcionan para garantizar que las personas sean sumisas, dóciles, obedientes y no piensen por sí mismas. Además, algunos medios de comunicación pueden apoyar la desigualdad, el capitalismo y el neocapitalismo.

Algunas de las técnicas comunes de manipulación de los medios son las siguientes:

1. Distracción

La estrategia de distracción está destinada a desviar a la población objetivo de centrarse en los temas importantes que tienen importancia en sus vidas. Para asegurarse de que la gente se distraiga, los medios de comunicación pueden inundar las noticias con historias que giran en torno a temas triviales. El objetivo principal es asegurar que la gente se distraiga asegurándose de que sus mentes estén ocupadas. El resultado final es que la gente dejará de hacer preguntas sobre por qué los medios de comunicación no están investigando temas específicos. En el proceso, la gente incluso olvidará los problemas reales.

2. Problema-Reacción-Solución

Este método puede compararse con la manera en que los políticos intentan atraer a los votantes durante un período electoral. Normalmente, la población es analizada. El primer paso es difundir rumores y se realizará una evaluación para valorar cómo reacciona la población en general. Después de crear un problema, la segunda fase consiste en ofrecer una solución al problema. El público considerará a los manipuladores como héroes.

3. Gradualismo

Este es el proceso de manipular a las personas asegurándose de que hayan aceptado algunas decisiones socialmente injustas. La población se manipula gradualmente. La manipulación gradual puede tener lugar durante muchos años.

4. Diferir

Otra estrategia utilizada por los medios es diferir; que es la instancia en la que las personas presentan algunas decisiones impopulares, y pueden enfatizar que las decisiones deben implementarse ya que la población en general se beneficiará significativamente. El público puede creerlo todo genuinamente y puede hacer algunos sacrificios, que consideran que traerán cambios significativos. Por ejemplo, los políticos pueden ser los manipuladores en este caso, y pueden engañar a los votantes para que piensen que llevarán una vida mejor después de las elecciones. Al final de todo, la gente se percatará de que no se han implementado cambios y perderá la fe y se retirará del sistema.

5. Tratar a las Personas como Niños

Los medios pueden centrarse en manipular al público con regularidad. Cuando manipulan al público continuamente, es un indicador de que están tratando a las personas como niños. Los medios de comunicación intentarán manipular el cerebro de las personas mediante el uso de argumentos, entonaciones y personajes falsos. Los medios, a su vez, asumirán que las personas son inmaduras e incapaces de manejar la verdad. El objetivo principal es garantizar que el público objetivo sea dócil, sumiso y reaccione según lo planeado. La manipulación de los medios asegura que las personas no puedan pensar como adultos.

6. Apelar a las Emociones de las Personas

Los medios de comunicación han aprendido cómo apelar a las emociones de las personas y su principal objetivo es asegurarse de que las personas no puedan pensar de forma crítica. Varios medios de comunicación que quieren impulsar una agenda buscan controlar los pensamientos de las personas. Debe considerar qué tan poderoso es el miedo como herramienta.

7. Conservar al Público Mediocre e Ignorante

Algunas organizaciones de medios prefieren tratar con personas incultas y también ignorantes. Al asegurarse de que las personas estén aisladas de diferentes conocimientos, los medios de comunicación pueden manipular fácilmente al público, esto también es verdadero para ciertos políticos. Los medios también aseguran que no se produzca una rebelión por la ignorancia de la gente.

8. Alentar al Público a Aceptar la Mediocridad

Asegurar que el público acepte la mediocridad es similar a garantizar que la población en general sea ignorante. Los medios de comunicación prefieren utilizar estas estrategias cuando manipulan a las personas. Por ejemplo, ¿están los medios transmitiendo los programas que la gente quiere ver? ¿Nos imponen algunos espectáculos los medios de comunicación? En resumen, ¿conseguimos consumir el contenido que queremos, o los medios nos imponen diferentes contenidos? A veces está claro que los medios de comunicación nos están manipulando el cerebro y hemos dejado de preocuparnos por nuestro entorno. Además, hemos sido entrenados para ser mediocres.

9. Autoculparse

Los medios de comunicación suelen fomentar la autoculpa y la ignorancia y también se aseguran de que la gente crea que es responsable de sus propias desgracias. En resumen, los medios de comunicación se centrarán en la autoincriminación y se asegurarán de que el público no se movilice a toda costa.

10. Completar el Conocimiento del Público

Para controlar al público en general, los medios se han centrado en aprender sobre su audiencia. Los medios pueden trabajar junto con otras compañías para aprender más sobre cada individuo en un intento de manipular fácilmente a las masas.

Es recomendable aprender cómo detectar la manipulación de los medios. Los recursos que hablan de cómo detectar la manipulación de los medios son pocos; como resultado, no podemos profundizar en el tema. Sin embargo, preste atención y puede notar que diversos medios de comunicación están tratando de manipular a las personas.

Capítulo 9: Propaganda Política: Herramientas, Mecanismos y Maneras de Evitarla

Propaganda Política – se define como personas que difunden información falsa porque apoyan una causa en particular. La propaganda se presenta de manera negativa, especialmente cuando se trata de políticos, ya que a menudo hacen afirmaciones falsas para atraer a los ciudadanos a votar por ellos.

Técnicas y Funcionamiento de la Propaganda Política

Durante el período electoral, es debido que los políticos hagan una campaña. Hablarán de lo que harán por los ciudadanos. A su vez, la gente votará por ellos. Después de asumir el cargo, los políticos pueden no hacer caso de sus promesas. Las personas, decepcionadas, pueden jurar que no volverán a votar por ellos. Sorprendentemente, los políticos harán uso de la propaganda política y, por lo general, la gente terminará votando por los mismos políticos.

Las técnicas actuales de propaganda política han demostrado ser muy eficaces. Hoy en día, las personas que hacen uso de la propaganda política se centran en el simbolismo. Al enfocarse en la mente de un votante, también deben llegar a su corazón. Los políticos también harán uso de generalizaciones y se asegurarán de que algunas cosas parezcan buenas. En la superficie, las cosas pueden verse bien, pero cuando profundice, se percatará de que las personas que hacen uso de la propaganda están tratando de engañar a todos sus seguidores.

Las Herramientas de la Propaganda

Un propagandista siempre hará uso de ciertas herramientas para poder movilizar a algunos seguidores. La herramienta más importante es la sugestión y se alinea con la estimulación. Los propagandistas estimularán a otras personas a aceptar todo lo que tienen que decir sin cuestionar sus afirmaciones. Dado que la estimulación es un dispositivo de propaganda, se asegura de que la gente pueda aceptar todas las proposiciones que se presentan sin pensar lógicamente.

El propagandista hará uso de esta herramienta al proponer algunas declaraciones positivas que están destinadas a atraer a un grupo de personas. Siempre presentarán sus declaraciones en un lenguaje familiar y se asegurarán de que han incorporado la sencillez en cada instancia. Al no admitir la realidad, el propagandista logrará acumular un gran número de seguidores.

La sugestión también se utiliza en el sector de la publicidad. Otra herramienta de uso común son las insinuaciones, sugerencias y declaraciones indirectas. El mejor ejemplo, en este caso, es el sector de la publicidad. Un ejemplo son los anuncios políticos, que a menudo son mera propaganda con "hechos" manipulados o engaños descarados.

Otra herramienta es cuando un propagandista se enfoca en aprender más sobre las personas, para saber cómo atraer y manipular a su público objetivo.

Buscando en las Herramientas de las Redes Sociales

Las redes sociales garantizan que las personas puedan mantenerse en contacto mediante el uso de aplicaciones como Facebook. Por ejemplo, hay un grupo de jóvenes que aprendieron sobre la aplicación de citas Tinder y comenzaron a influir en sus colegas. Con el tiempo, algunas de las conversaciones dentro de la plataforma serían sobre política.

En diversos sitios de redes sociales, ciertos propagandistas envían mensajes dirigidos a varios votantes con información falsa. Los usuarios de estos sitios habían aceptado los términos y condiciones al registrarse. No está claro cuántos candidatos logran ganar las elecciones realizando campañas en las redes sociales.

Hoy en día, las redes sociales se encuentran entre las aplicaciones en línea más utilizadas. Aproximadamente el 70 por ciento de los adultos en los Estados Unidos se han registrado en Facebook. Un gran porcentaje de las personas que se han registrado en Facebook y en diferentes aplicaciones de redes sociales inician sesión en estas plataformas con regularidad. La mayoría de las personas tampoco utilizan las plataformas de redes sociales para la política; están usando estas plataformas para expresarse, encontrar artículos y compartir contenido.

Las redes sociales se han vuelto comunes y son una parte importante de la vida de las personas. También son confiables, no están reguladas y se pueden dirigir. Dado que las redes sociales han atraído a una población considerable, los políticos estaban obligados a hacer uso de tales herramientas durante el período electoral. Existe una cantidad sustancial de evidencia de que las redes sociales se están utilizando para engañar y manipular a los votantes.

Dado que la tecnología también ha avanzado, el suministro de noticias también está automatizado, y eso significa que los políticos pueden centrarse en manipular diferentes redes sociales. El mejor ejemplo, en este caso, es la forma en que aproximadamente la mitad de las conversaciones de Twitter a nivel mundial generalmente se originan en bots. Algunas de estas cuentas contienen una cantidad sustancial de contenido político. El contenido político ha sido cuidadosamente elaborado, de modo que los objetivos no se percatarán de que están charlando con un bot.

Algunos de estos bots se han utilizado en otras naciones como Brasil durante el período electoral. Los bots se usaron durante el período en que uno de los presidentes estaba siendo acusado. Fueron útiles a la hora de llevar a cabo la campaña de acusación. Además, los bots se utilizaron durante la carrera por la alcaldía que tuvo lugar en Río. La mayoría de los líderes políticos también están haciendo uso de las herramientas de las redes sociales, especialmente en las democracias jóvenes que utilizan la automatización en un intento por difundir información.

Capítulo 10: Guerra Psicológica: No Ser Manipulado

Cuando se trata de manipulación, el manipulador siempre se concentrará en conseguir lo que quiere, utilizando diversas formas de engaño. Mucha gente cree que la manipulación es inmoral. Dado que los manipuladores psicológicos utilizan varias técnicas de engaño, analizaremos cada una de estas tácticas y ofreceremos una solución adecuada sobre cómo las personas pueden defenderse en caso de cualquier eventualidad.

Método 1 – Adquirir Habilidades de Manipulación

1. Tomar una Clase de Actuación

Cuando se trata de manipulación, es recomendable aprender cómo dominar las emociones y asegurarse de que otras personas puedan volverse receptivas, siempre que usted tienda a emocionarse. Para aprender más sobre cómo expresarse usando diversas técnicas que juegan con las emociones de las personas, es recomendable inscribirse en una clase de actuación. Mientras asista a una clase de actuación, será posible obtener algunos poderes de persuasión.

Concéntrese siempre en el objetivo principal, que implica comprender los métodos de manipulación de las personas, para que pueda protegerse.

2. Inscribirse en una clase de oratoria

Las clases de actuación están destinadas a asegurarse de que pueda dominar sus emociones y cómo las demuestra. La principal razón por la que es recomendable inscribirse en una clase de oratoria es porque podrá aprender más sobre cómo convencer a otras personas sobre su argumento. Aprenderá cómo organizar sus pensamientos con claridad. Además, una clase para hablar en público también le enseñará cómo parecer convincente. Una persona manipuladora utilizará estas habilidades para influir en las acciones de los demás al convencerlos de que hagan lo que quieran.

3. Proponer Similitudes

Los manipuladores siempre se aseguran de haber aprendido sobre el lenguaje corporal de sus víctimas objetivo. También investigan los patrones de entonación de sus víctimas antes de poder continuar con el proceso de manipulación. Eventualmente, los manipuladores idearán métodos persuasivos y también parecerán tranquilos. Sea cuidadoso con este tipo de comportamiento.

4. Ser Carismático

Las personas carismáticas frecuentemente tienen una forma de conseguir lo que quieren. Al comprender cómo las personas amables pueden manipular a los demás, tendrá que asegurarse de haber trabajado en su propio carisma. No todo el que es carismático es manipulador, así que preste atención para entender quién es sincero y quién no lo es. También debe sonreír y su lenguaje corporal debe demostrar que es accesible, de modo que las personas sientan que pueden acercarse a usted y hablar fácilmente. También debe poder iniciar una conversación con cualquier individuo, independientemente de varios factores, como la edad. Algunas de las técnicas que puede utilizar para volverse carismático incluyen:

● Asegurar que las personas se sientan especiales. La mejor manera de lograrlo es manteniendo el contacto visual mientras conversa con una persona. Asegúrese de haber iniciado una discusión sobre cómo se sienten y sus intereses. Muéstrele siempre a la otra persona que le importa y que buscar saber más sobre ella. Una persona carismática que no sea sincera fingirá preocuparse por la otra persona, incluso cuando no sea así.

● Muestre altos niveles de confianza. Las personas carismáticas siempre sienten pasión por todo lo que hacen. También es recomendable tener confianza en sí mismo.

5. Aprender de los Expertos

Si tiene un amigo que resulta ser un manipulador psicológico, debe observarlo y también tomar notas, para que sepa qué buscar de los posibles manipuladores. Realice siempre un análisis del caso y asegúrese de que los manipuladores sean el principal punto de atención. Será posible aprender mucho de ellos. Preste atención a cómo estas personas obtienen lo que quieren. También pueden compartir información sobre cómo manipulan a las personas. El problema principal es que puede terminar siendo engañado, pero obtendrá una idea de cómo manipular a las personas de manera efectiva y, por lo tanto, cómo evitar ser manipulado.

6. Obtenga Información Sobre Cómo Interpretar a las Personas

Cada individuo posee una estructura psicológica y emocional, y siempre varía de un individuo a otro. Cuando aprenda sobre la estructura psicológica y emocional de una persona, será posible manipularla. Las personas que son manipuladoras a menudo aprenderán más sobre el individuo que van a manipular y, en muchos casos, la persona confiará en ellos antes de que se aprovechen lentamente de ellos. Algunas de los aspectos que puede notar al tratar de comprender a las personas incluyen:

- La mayoría de las personas son vulnerables y es posible acercarse a ellas evocando sus respuestas emocionales. Por ejemplo, algunas personas pueden llorar al ver una película y pueden mostrar altos niveles de simpatía y empatía. Para que una persona manipule a tales individuos, frecuentemente bromea con sus emociones mientras finge sentir pena y eventualmente obtendrá lo que desea jugando con las emociones de la otra persona.

- Otras personas poseen un fuerte sentimiento de culpa. La mayoría de las personas que poseen un complejo de culpa crecieron en un hogar restrictivo y es posible que hayan sido castigados por cada acto incorrecto que cometieron. Los manipuladores pueden asegurarse de que la persona se sienta culpable por varios actos, por lo que es más probable que ceda ante las demandas de un manipulador al final de todo.

- Algunas personas suelen responder a enfoques racionales. Por ejemplo, si tiene un amigo cercano que es siempre lógico y está al tanto de las noticias, eso significa que siempre está detrás de información verificable. En tal caso, una persona manipuladora se asegurará de haber utilizado sus poderes de persuasión en consecuencia al manipularlos.

Método 2 – Uso de Diferentes Técnicas de Manipulación

1. Imponer una Solicitud Irrazonable, Después Presentar una Razonable

Esta es una técnica que ha demostrado ser muy eficaz y muchos manipuladores la utilizan con frecuencia. También es sorprendentemente simple. Siempre que una persona quiere manipular a alguien, presenta una solicitud que no es razonable. La otra persona rechazará la solicitud irrazonable y, en ese caso, se presentará una solicitud razonable. La nueva solicitud debe ser atractiva para la persona a la que se dirige.

El mejor ejemplo para usar en tal caso es cuando un empleado puede no aceptar una solicitud permanente para llegar temprano al trabajo, pero aceptará voluntariamente una solicitud por la cual se supone que debe llegar temprano al trabajo durante un período específico de tiempo para manejar varios deberes urgentes. El empleado preferirá realizar una solicitud a corto plazo, ya que es menos complicado en comparación con la solicitud a largo plazo.

2. Inspirar Miedo, Después Asegurarse de que la Víctima Tenga una Sensación de Alivio

Un manipulador puede haber elegido cuidadosamente a sus víctimas, basándose en quién es el más vulnerable. En este caso, una persona manipuladora se asegurará de que los peores temores de la víctima cobren vida. En el proceso, se centrarán en asegurarse de que estos temores se alivien y la víctima esté lo suficientemente feliz como para darles lo que quieren. Este tipo de manipulación es peligrosa y debe comunicarse con personas que puedan ayudarlo a mantenerse a salvo de una dinámica abusiva como esta.

Un ejemplo de cómo podría comenzar este tipo de comportamiento: suponga que tiene un automóvil. Su amigo podría intentar sorprenderle argumentando que el auto estaba produciendo algunos ruidos inusuales y que el motor podría estar inservible. En esa coyuntura, sentirá miedo. Posteriormente le informa que se percató del inusual ruido el cual estaba produciendo la radio. Se sentirá aliviado. Como se sentirá aliviado, su amigo puede pedirle otro favor, por ejemplo, tomar prestado el automóvil nuevamente.

3. Asegurarse de que una Persona se Sienta Culpable

Un manipulador puede intentar conseguir lo que quiere invocando la culpa en otra persona. Para empezar, podrían realizar una evaluación y aprender más sobre cómo hacer que alguien se sienta culpable, haciendo que esa persona se sienta mal por una variedad de razones.

Si el manipulador está enfocándose en sus padres, por ejemplo, mostrarán que es culpa de sus padres que sean como son en ese momento.

Si invoca alguna forma de culpa entre uno de sus amigos, es posible que se asegure de haberle informado a su amigo sobre la cantidad de veces que lo ha decepcionado.

4. Sobornar a una Persona

Cuando una persona manipuladora busca algo, puede emitir un soborno. En tal caso, no tienen que usar tácticas como el chantaje para obtener lo que quieren. Pueden dar una recompensa, pero en forma de soborno. El manipulador aprenderá más sobre sus necesidades, pero tratará de ocultar el hecho de que está emitiendo un soborno.

5. Fingir que Usted es la Víctima

Cuando una persona manipuladora finge ser una víctima, atraerá cierta simpatía. Este es un método de uso común para algunas personas, que "juegan" a la víctima en cualquier oportunidad. Por lo general, se aseguran de no exagerar en un intento de obtener lo que están buscando al final de todo. Las víctimas siempre parecen indefensas y eso significa que el objetivo parecerá vulnerable cuando se ofrezcan a ayudarlas. Fingirán ser tontos, aunque sepan lo que hacen. Pueden fingir ser patéticos e indefensos, pero se desesperarán e incluso se enfurecerán más si usted se percata y no cede a este tipo de manipulación emocional. Debe tratar de discernir quién es una víctima real y quién lo está manipulando.

6. Usar la Lógica

La lógica es importante en algunas de las actividades diarias en las que participa. Asegúrese de haber elaborado una lista de razones por las que se beneficiaría de las cosas que le pide a alguien. Una persona manipuladora siempre presentará su caso, con calma y racionalidad, pero se asegurará de mostrar algunas emociones, para obtener lo que quiere al final de todo.

7. Mantener el Carácter

Dependiendo del método que se haya utilizado, un manipulador intentará asegurarse de mostrar algunas emociones que podrían relacionarse con su escenario actual. Pueden parecer preocupados o incluso molestos, según el asunto en cuestión.

Método 3 – Manipular a Cualquier Persona en su Vida

Como manipulador, una persona puede desarrollar diferentes tendencias, incluida la manipulación de otras personas cercanas a ella en la vida real.

1. Manipular a Sus Amigos

Cuando se trata de manipular o ser manipulado por sus amigos, es posible que se percate de que es una situación complicada. Quizás su amigo se ha asegurado de halagarlo, siempre asegurándose de que haya sido amable y al mismo tiempo haciendo algunos pequeños favores, en caso de que necesite un favor dentro de unos días. Si alguien es un amigo "real", no necesitará manipularlo para pedirle un favor, y viceversa. Trate de mantenerse alejado de los "amigos" tóxicos. Algunas formas en que se puede realizar la manipulación:

- Utilice sus emociones: sus amigos deben ser personas afectivas; como resultado, no desearán verle molesto. Si posee habilidades de actuación, asegúrese de haberlas usado en consecuencia para garantizar parecer una persona molesta.

- Recuerde constantemente a su amigo lo agradable que es; asegúrese de siempre recordar las veces en los que ha hecho cosas por su bien.

- Hacer sentir culpable a sus amigos: no es necesario utilizar la carta de "mal amigo". Mencione a alguien de manera casual y recuérdele cómo le ha decepcionado. Haga que parezca que su amigo es indiferente sin exagerar.

2. Manipular a su Pareja

Si usted tiene una pareja manipuladora, es posible que intente ganar favores emocionándole y pidiéndole un favor, de modo que entienda que no puede conseguir lo que quiere a menos que atienda sus demandas. Es posible que intenten "endulzarlo" pidiéndole favores después de halagarlo o de mejorar su estado de ánimo. Estos ejemplos son el tipo de cosas que podrían suceder antes de que se intensifique un comportamiento más dañino. Debe tratar de no involucrarse demasiado con una pareja que sea manipuladora, ya que es posible que sea abusiva de otras maneras.

3. La impresión que Utiliza Determina si sus Técnicas de Manipulación Dominarán al Objetivo

Una persona manipuladora siempre se asegurará de ser engañosa y también ágil. Lo que más les importa es asegurarse de que su imagen siga intacta.

- Utilice las emociones – observe lo que haría su pareja cuando se percate de que usted está sufriendo. En la mayoría de los casos, su pareja se asegurará de que haya reavivado la felicidad dentro de usted.

- Vergüenza pública – si su compañero está decidido a solicitarle un favor, es posible que haya utilizado el enfoque de obras hidráulicas en un lugar público. El mejor ejemplo para mostrar la eficacia de tal enfoque es: cuando un niño intenta solicitar un favor a sus padres en público, espera que cedan a su demanda. Es muy probable que esta técnica se use con moderación.

- Emitir pequeños sobornos – para fomentar un favor, como salir a cenar o cualquier otro evento, se pueden utilizar pequeños sobornos.

4. Manipular a su Jefe

Cuando se trata de relaciones profesionales, por ejemplo, en una dinámica de empleado / gerente, existen algunos aspectos que se pueden hacer para aumentar las posibilidades de una relación laboral positiva y de que usted pueda apelar adecuadamente a su jefe por lo que desea de vez en cuando. Utilice enfoques lógicos y racionales cuando trate con su jefe. Cuando tenga algunos problemas personales, no los discuta delante de su jefe. Además, no se presente en el escritorio de su jefe llorando por algunos problemas personales. Existe una alta probabilidad de que lo despidan. Cuando trate con su jefe, asegúrese de ser lógico. Además, asegúrese de haber proporcionado algunas buenas razones sobre por qué necesita su ayuda.

- Asegúrese de ser un empleado modelo. Esta técnica siempre funcionará cuando necesite hacer una solicitud. Además, puede trabajar un poco más tarde. Adicional a ello muestre una actitud positive y sonría al estar cerca de su jefe.

- Al solicitar un favor a su jefe, hágalo de manera espontánea. Por ejemplo, acérquese a su jefe en la oficina y mencione que hay un asunto importante que desea discutir con él. Cuando su jefe escuche eso, le prestará toda su atención y actuará a su favor al final del día.

- Intente solicitar un favor al final del día. No interactúe con su jefe temprano por la mañana. Primero, asegúrese de haber observado su estado de ánimo. Si demuestra que está estresado, podría optar por otro momento. Si prefiere acercarse a su jefe durante un receso, puede hacerlo cuando salga a buscar el almuerzo. Buscará atender rápidamente sus solicitudes y tampoco discutirá con usted.

5. Manipular a su Profesor

Si desea manipular a su profesor, debe hacerlo de forma profesional. Además, asegúrese de haber incorporado algunas emociones. Durante el día específico en el que desea realizar una solicitud, debe asegurarse de haber comparecido ante el profesor como un alumno modelo. Además, asegúrese de haber llegado temprano a clase. Trate de garantizar que su profesor se percate de que ha estado leyendo mucho. En resumen, el profesor debe tener en cuenta que está tomando en serio sus estudios. Mientras esté en el aula, asegúrese de estar activo y concentrado.

• Siempre halague al profesor sobre lo notable que es, de manera casual. Háblele de cómo le inspiran. En algunos casos, asegúrese también de haberle confirmado cuánto le agradan las materias que está impartiendo.

• Mencione algunos aspectos sobre lo que sucede en casa. Aunque la situación pueda parecer incómoda, el profesor podrá simpatizar con usted, ya que sentirá lástima y buscará saber más sobre su situación.

• Mientras habla de su vida personal, asegúrese de haberlo hecho de manera estratégica, para que eventualmente se sienta incómodo. Si se ha retrasado en la entrega de su tarea, es posible que el profesor se compadezca de usted debido a su situación y le ofrecerá una extensión, lo que significa que puede entregar su tarea más tarde. Si se niega a concederle una prórroga, infórmele que lo comprende. Su voz debe parecer frágil, ya que busca que se compadezca de usted. Existe una alta probabilidad de que el profesor ceda a su petición.

• Si tal técnica no funciona, puede optar por llorar, ya que debe demostrar que usted es verdaderamente emocional. Al llorar, el profesor se sentirá incómodo, y eso significa que será más probable que preste atención a sus demandas.

6. Manipular a sus Padres

Es evidente que sus padres deberían amarle siempre, incondicionalmente. Como resultado, pueden ser más susceptibles a las técnicas de manipulación. El hecho principal aquí es que sus padres le aman y siempre le apoyarán de todas las formas posibles. Debe asegurarse de ser un hijo modelo durante algún tiempo antes de poder hacer una solicitud que implique ciertos favores. Siempre asegúrese de no haber perdido su toque de queda. Además, asegúrese de haber pasado la mayor parte de su tiempo estudiando y ayudando a realizar algunas tareas domésticas. Después, puede seguir adelante y solicitar un favor.

- Asegúrese de que su solicitud sea razonable. Por ejemplo, es posible que desee asistir a un concierto y al día siguiente asistir a la escuela. Al hacer una solicitud de este tipo, hágalo de manera informal. Asegúrese de sus padres puedan analizar la situación y no rechazarán la propuesta a largo plazo.

- Así mismo puede plantearles una pregunta a sus padres mientras dobla la ropa. Al manejar tales tareas, sus padres recordarán que tienen a un gran hijo o hija, y es más probable que cumplan con sus deseos.

- Hable sobre cómo participará en algunas actividades con sus amigos. Cuando sus padres se enteren de que lo hará, estarán inclinados a otorgarle el permiso para continuar,

- Asegúrese de que sus padres se sientas culpables. Por ejemplo, es posible que haya querido asistir a un concierto. Si sus padres le niegan la oportunidad de asistir, simplemente dígales que está bien. Asegúrese de que se sientan culpables, ya que se estará perdiendo la oportunidad de participar en un evento importante.

Cómo Defenderse de las Personas Manipuladoras

Para empezar, es recomendable saber que no es posible defenderse de una persona manipuladora. Lo mejor que puede hacer en este caso es asegurarse de haber identificado primero que la persona es realmente manipuladora. Si resulta que demuestra que ser falsa, debe asegurarse de haber mantenido una distancia segura de esta persona. Si no lo es, pueden seguir siendo amigos. También es recomendable tener en cuenta que algunas personas pueden engañar a otras al difundir información falsa. Por ejemplo, es posible que se encuentre con algunas personas que hablan de lo manipuladora que es cierta persona, pero son ellas quienes intentan manipular a usted y a su opinión sobre esa otra persona.

Nunca emita una advertencia a la persona manipuladora. Si se percata desde el principio, debe retirarse y seguir llevando su vida como de costumbre. Después de dejarle, buscarán a otras personas a las que puedan manipular para asegurarse de que han atendido sus demandas. Si una persona no se encuentra bien, debe continuar e intentar averiguar más sobre su condición. Dado que algunas personas mienten, también puede buscar el consejo experto de un psicólogo o incluso de un psiquiatra. Si la persona no se encuentra bien y no muestra ningún signo de mejora, puede seguir adelante y seguir con su vida, si no le está amenazando.

Si la persona manipuladora está relacionada con usted, debe ser siempre directo con ella. Asegúrese de haber establecido algunos límites y sea siempre firme para que no se atrevan a cruzar los límites establecidos. Las personas manipuladoras se percatarán de que serán responsables una vez que tiendan a mostrar comportamientos indeseables. La forma en que esas personas se comporten con usted también determinará cómo interactúa con ellos.

Si comprenden algunas de las reglas que ha establecido, en algunos casos estarán de acuerdo y no se entrometerán de ninguna manera. Además, asegúrese de haber iniciado una discusión con la persona manipuladora mientras trata de aprender más sobre su carácter y condición. Asegúrese de no haberles dado una conferencia de ninguna manera. Siempre haga preguntas que le ayudarán a aprender más sobre cómo son. Nunca intente sanarlos, deje esos asuntos a profesionales como psiquiatras o psicólogos. Asegúrese de haberles remitido a un psiquiatra de renombre o cualquier otro médico que pueda tratar su condición en consecuencia. Los individuos manipuladores también deben recibir el apoyo que necesitan.

Aunque algunas de las historias emitidas por las personas manipuladoras parecerán inverosímiles, nunca debe juzgarlos. Según ellos, su historia es válida, aunque puede parecer inventada hasta cierto punto. Asegúrese de no haberles contado ninguna de sus historias. Si algo sale mal, siempre usarán la información que tengan sobre usted para defenderse. Recuerde siempre que nunca elegimos a los miembros de nuestra familia; como resultado, debe elegir si los ayudará o los ignorará. Si otras personas pueden parecer tóxicas en su vida, también debe evitarlas. La manipulación y el abuso en las relaciones románticas y otras relaciones cercanas pueden acumularse con sucesos "insignificantes" y pueden terminar con un intento de control total de una persona sobre otra. Esto es muy peligroso y dañino, y debe permanecer alerta en las primeras etapas del comportamiento manipulador para poder liberarse de este tipo de dinámica antes de que se vuelva totalmente destructiva. Siempre busque ayuda si siente que la necesita, para mantenerse a salvo de una persona amenazante y abusiva, ya que algunas situaciones escalan a un nivel inseguro.

Cómo Saber Si está Siendo Manipulado y Cómo Defenderse

La manipulación psicológica generalmente genera alguna forma de influencia social saludable y generalmente ocurre entre muchas personas. Las relaciones, en este caso, suelen ser de dar o recibir. En la manipulación psicológica, una persona siempre se beneficiará de la otra aprovechándose de ella. El individuo que manipula al otro lo hace de forma deliberada, y a menudo provocan un desequilibrio de poder, ya que están explotando a otras personas para su propio beneficio.

Las características de los individuos manipuladores son:

- Saben detectar las debilidades de otras personas.
- Una vez que identifican las debilidades de una persona, siempre las usarán en su contra.
- Siempre convencerán a las víctimas de que renuncien a algo para que puedan servir a sus intereses egocéntricos.
- Una vez que un individuo manipulador logra tomar ventaja de otra persona, quebrantará a la otra parte hasta que la persona explotada se asegure de que la ola de manipulación ha llegado a su fin.

Algunas de las causas de la manipulación crónica siempre están profundamente arraigadas y son complejas. Sin embargo, no es fácil identificar el impulso principal que hace que una persona sea manipuladora psicológicamente. Además, cuando una persona está siendo manipulada, se encuentra con diferentes desafíos. La principal pregunta que surge, en este caso, es cómo las personas manejan tal situación. Algunas de las mejores formas de lidiar con las personas manipuladoras incluyen:

1. Asegúrese de Conocer sus Derechos Humanos

Cuando se trata de un individuo psicológicamente manipulador, asegúrese de saber más sobre sus derechos humanos. Sería fácil reconocer cuándo se está violando alguno de sus derechos. Además, asegúrese de no dañar a otras personas. Toda persona tiene derecho a defenderse, al mismo tiempo que defiende cada uno de sus derechos. Si daña a otras personas, es posible que esté violando cada uno de estos derechos humanos. Algunos de los derechos importantes incluyen:

- Derecho a ser tratado con respeto.
- Derecho a expresar opiniones, sentimientos y deseos.
- Derecho a establecer sus propias prioridades.
- Derecho a decir "no" sin sentirse culpable.
- Derecho a obtener cualquier cosa por la que pague.
- Derecho a tener una opinión diferente a la de sus compañeros.
- Derecho a protegerse de ser agredido mental, física o emocionalmente.
- Derecho a crear siempre su propia felicidad y al mismo tiempo vivir una vida saludable.

Todos estos derechos humanos están destinados a representar un límite que los individuos manipuladores nunca deben cruzar.

Es evidente que nuestra sociedad tiene muchas personas que no respetan los derechos de los demás. Algunos de estos manipuladores psicológicos siempre quieren explotar los derechos de las personas para que puedan aprovecharlos de todas las formas posibles. Lo más importante a tener en cuenta es que todos tenemos derecho a declarar que tenemos el poder sobre nosotros mismos, ya que la mayoría de la gente podría asumir que el manipulador es quien tiene el poder. El individuo manipulador no tiene ningún poder sobre usted.

2. Mantenga su Distancia

Una de las formas más efectivas de identificar a una persona que es un manipulador es observando cómo se comportan cuando varias personas están a su alrededor y cuando están cerca de otras personas. Si el individuo se comporta de manera diferente cuando está cerca de diferentes personas, este es un rasgo de carácter que simboliza que podría ser manipulador. Todo el mundo tiene un grado de diferenciación social, y algunos manipuladores psicológicos pueden resultar extremos en diferentes casos. O pueden ser corteses con varias personas mientras son extremadamente irrespetuosos con los demás. También pueden parecer indefensos y, en otros casos, mostrarán cierta agresividad. Cuando observe estos rasgos de carácter con regularidad, siempre debe mantener la distancia. Evite involucrar a esas personas a menos que se vea obligado a hacerlo según las circunstancias.

Se mencionó anteriormente que es difícil aprender por qué la gente tiende a ser psicológicamente manipuladora. Como resultado, asegúrese de haber mantenido la distancia, ya que estas personas no pueden salvarse de su difícil situación.

3. Evitar Culparse a Sí Mismo y la Personalización

En la mayoría de los casos, las personas manipuladoras tienden a buscar la debilidad de una persona y luego comenzarán a explotarla. Las personas que están siendo explotadas pueden sentirse insuficientes y también permitirse de culparse a sí mismas, ya que pueden no haber logrado satisfacer al manipulador de diferentes maneras. En algunas de estas situaciones, es recomendable notar que, aunque esté siendo manipulado, usted no es el problema. El manipulador se aprovecha de usted al mismo tiempo que se asegura de que se sienta mal consigo mismo. Puede ceder todos sus derechos y poder a las personas manipuladoras. Realice siempre preguntas como:

- ¿Estoy siendo tratado con el respeto que merezco?

- ¿Son razonables las demandas de la persona manipuladora?

- ¿La relación es beneficiosa para solo una o para ambas partes?

- ¿Me siento bien con la relación?

4. Concentrarse en Hacer Preguntas Indagatorias

Los manipuladores psicológicos siempre emitirán demandas a cada uno de los individuos que están manipulando. Algunas de las "ofertas" que presentan parecerán irrazonables hasta cierto punto, pero esperarán que usted satisfaga todas sus necesidades. Siempre que sienta que lo están solicitando de manera irrazonable, es recomendable concentrarse en sí mismo y hacerle al manipulador diferentes preguntas indagatorias. Para saber si cada uno de estos individuos tiene cierta conciencia de sí mismo, reconocerán la inequidad que está presente en cada uno de sus esquemas. Algunas de las preguntas adecuadas incluyen:

- ¿Es razonable la relación?

- ¿Parece justo lo que pide el manipulador?

- ¿Tiene palabra en la relación?

- ¿Está obteniendo algo?

- ¿Cuáles son sus expectativas?

Al hacerse algunas de estas preguntas, se le presentará un espejo destinado a mostrarle la realidad. Las preguntas están destinadas a garantizar que el manipulador pueda ver la realidad sobre su naturaleza. En una instancia en la que el manipulador posea alguna forma de autoconciencia, retirará las demandas que ha estado planteando y retrocederá. Algunos manipuladores patológicos también pueden denominarse narcisistas y descartarán cada una de las preguntas que se les dirijan. Siempre insistirán en que se interponga en su camino. Si alguna vez se encuentra en tal situación, asegúrese siempre de haber aplicado diferentes ideas que le aseguren haber superado a los manipuladores. Al ser creativo, es de esperar que pueda poner fin a la ola de manipulación.

5. Utilizar el Tiempo a su Favor

Además de realizar algunas solicitudes poco razonables, el manipulador hará preguntas y esperará una respuesta inmediata en cada caso. Siempre ejercerán una presión indebida al mismo tiempo que se esforzarán por controlar la situación. El mejor ejemplo son las personas que se dedican a las ventas. Su principal objetivo es asegurarse de que han comercializado diferentes productos con éxito y pueden ser manipuladores para que las personas puedan comprar cada uno de los productos que están vendiendo. En tal caso, el individuo manipulador esperará que responda a cada una de sus preguntas de inmediato. También se aprovecharán de diferentes formas y al mismo tiempo se alejarán de la influencia inmediata que han provocado. Muestre cierto sentido de liderazgo diciéndole a la persona manipuladora que lo pensará y le dará una respuesta en el momento oportuno.

Algunas de estas palabras siempre resultan poderosas, y dado que hemos utilizado un ejemplo de agentes de ventas, el cliente, en este caso, es el que se supone que debe dirigirse al vendedor y decirle que lo pensarán. Tome un tiempo para pensar en los méritos y deméritos que pueden estar presentes, dependiendo de la situación actual. Además, trate de ver si es posible llegar a un acuerdo equitativo, o si debería decir que no, dependiendo del escenario actual.

6. Aprender a Decir "No"

No es fácil decir "no", sin embargo, primero debe aprender el arte de la comunicación. Cuando aprenda a decir "no" de manera eficaz, podrá mantenerse firme y al mismo tiempo asegurarse de haber logrado mantener una relación viable. Además, asegúrese de estar familiarizado con sus derechos humanos, lo más importante del área implica asegurarse de que puede establecer sus propias prioridades sin incurrir en ningún tipo de culpa. Después de todo, tiene derecho a elegir su propia felicidad y también una vida sana. Asegúrese de poder resistir mientras conserva su paz.

7. Confrontar a los Acosadores

Un manipulador psicológico tiende a convertirse en un acosador en algún momento. Siempre intimidarán o dañarán a sus víctimas. El punto más importante a tener en cuenta es que los agresores siempre se aprovechan de las personas que pueden percibir como débiles. Los individuos manipuladores seguirán adelante con la explotación siempre que se encuentren con un individuo dócil y pasivo. Al convertirse en un objetivo digno, los manipuladores no dudarán en abalanzarse sobre usted. También es evidente que la mayoría de las personas que disfrutan del acoso también son cobardes. Cada vez que una persona comienza a demostrar que conoce sus derechos, los agresores siempre darán marcha atrás. Así mismo se han realizado diversos estudios, y es evidente que la mayoría de los agresores también han sido víctimas de violencia en algún momento de sus vidas. Aunque los acosadores también han sido víctimas en algún momento de sus vidas, no es una excusa del por qué están acosando a otros. Esta información está destinada a garantizar que pueda ver a los acosadores desde una perspectiva diferente.

Al enfrentarse a un acosador, tendrá la suficiente confianza para protegerse contra diversas formas de peligro. Puede mantenerse erguido como individuo y al mismo tiempo apoyar a otras personas cuando son intimidadas. En un caso en el que una persona haya sido agredida psicológica, emocional o verbalmente, asegúrese siempre de haber buscado los servicios de un consejero y también informe el asunto a las autoridades legales, y ellos tomarán el curso de acción necesario. Asegúrese siempre de poder enfrentarse a los acosadores y puede asociarse con algunas personas que están cansadas de tales prácticas como el acoso.

8. Establecer Consecuencias

Cuando una persona que prospera con la manipulación insiste en violar sus límites personales, asegúrese de estar en condiciones de decirle "no". Así como de estar en condiciones de afirmar y también identificar las consecuencias. La posesión de tal conocimiento puede asegurar que pueda lidiar con personas difíciles. Cuando un acosador comprende las consecuencias que pueden surgir como resultado de sus acciones, asegúrese de que pueda aprender más sobre el valor del respeto.

Capítulo 11: Manipuladores en el Lugar de Trabajo: Detectarlos y Detenerlos

Tácticas de Engaño en el Lugar de Trabajo – Cómo Influir en las Personas

Las tácticas de influencia se pueden agrupar en tres categorías; se trata de apelaciones emocionales, lógicas o cooperativas. En términos más simples, influir en la mente, el corazón o las manos.

❖ **Apelación Lógica** – consiste en aprovechar los aspectos racionales e intelectuales de las personas. En esta categoría, presentará su argumento para la mejor línea de acción basándose en los beneficios organizacionales o personales, o ambos, lo cual atrae a la mente de las personas.

❖ **Apelación Emocional** – conecta su mensaje, objetivo o Proyecto con metas y valores individuales. Puede ser delineando ideas que promuevan los sentimientos de bienestar, servicio o para lograr un sentido de pertenencia, lo que provoca emociones, por lo tanto, lo más probable es que obtenga el apoyo que necesita del resto del equipo.

❖ **Apelación Cooperativa** – esto se traduce como "colaboración", es decir, ¿cuáles son las tareas que realizarán juntos? Si bien la consulta involucra las ideas que otras personas tienen, es importante construir alianzas con aquellos que le hayan brindado su apoyo o que posean la credibilidad que necesita. Es por ello que unirse por un propósito común en una organización puede ser beneficioso, ya que tender la mano a otros puede ser una herramienta muy efectiva al momento de influir.

Tome en cuenta que en cualquier organización o en cualquier otro lugar, los líderes que pueden dominar estas habilidades de influencia y usarlas de manera efectiva pueden lograr sus metas y objetivos de manera exitosa y cordial que los líderes que carecen de estas habilidades, independientemente de sus puestos gerenciales en esa organización en particular.

¿Qué Táctica de Influencia es la Adecuada para Usted?

Debe considerar las siguientes tácticas enlistadas a continuación al elegir la influencia que mejor funcione para usted:

✔ **Conocer a su Audiencia.** Identifique y comprenda a cada una de las partes interesadas. Esto se debe a que cada uno posee su propia agenda y un conjunto de preocupaciones y problemas, perspectivas y prioridades. Además, diferentes grupos e individuos necesitarán diferentes estrategias para influir. Es muy importante personalizar su táctica de influencia para cada persona, teniendo en cuenta sus personalidades, metas y objetivos individuales, incluidos los roles y responsabilidades organizacionales.

✔ **Evaluar la Situación.** Las preguntas fundamentales que debe realizar son: *¿por qué estoy involucrado en esta área de trabajo? ¿por qué necesito la opinión de esta persona? ¿qué tipo de resultados estoy tratando de lograr al influir en esta persona?* Uno de los aspectos más importantes que debe recordar en esta categoría es que debe tener muy claro en quién debe influir y sus objetivos establecidos.

✔ **Evaluar su Habilidad.** ¿Cuáles tácticas utiliza ocasionalmente? ¿cuáles son más eficaces al usarlas? ¿existe alguna táctica nueva que se pueda utilizar en esta situación? ¿puede inspirarse en otros para recibir consejos y orientación? Por ejemplo, si siempre se está enfocando en realizar apelaciones lógicas a sus colegas, es prudente que tenga un compañero de trabajo que sea un colaborador dedicado para ayudarle a presentar sus tácticas y argumentos de colaboración.

✔ **Pensar en su Enfoque.** ¿Cuáles son las tácticas que mejor funcionan para usted? ¿cuáles apelaciones lógicas considera que son más efectivas al usarlas? ¿cómo se realiza una apelación emocional o cooperativa? ¿qué diría o haría exactamente en cada táctica? Debe anticipar las posibles respuestas para preparar adecuadamente su contestación. ¿Tiene algún contraargumento que pueda usar? ¿existe alguna táctica de influencia adicional que le ayude a continuar?

Al iniciar como líder o en una posición gerencial, al principio, será vital para usted probar nuevas tácticas de influencia en situaciones de bajo riesgo, practicando uno a uno. Luego, a medida que se vuelva más versátil y experimentado, obtendrá suficiente confianza en sus habilidades para influir en otros equipos y grupos más extensos. A través de esta experiencia, logrará persuadir fácilmente a otros en situaciones de mayor riesgo.

Encuentre el enfoque que mejor se adapte a sus necesidades.

Desarrolle sus Habilidades de Liderazgo Básicas para Cada Función

Para ser eficaz como líder, es necesario que continúe desarrollando, adaptando y fortaleciendo sus habilidades a lo largo de su carrera. A medida que también adquiera destreza en un área, descubrirá que hay más por aprender y practicar al avanzar hacia nuevos desafíos y fronteras, asumiendo roles más importantes. Si, como líder, siente que ha esquivado alguna de las habilidades básicas de liderazgo antes mencionadas en su carrera, entonces no es necesario que se sienta incapaz por no ser tan eficaz como desea o que no puede desarrollar por completo sus habilidades de liderazgo. Por el contrario, con un esfuerzo concertado, siempre puede aprender y mejorar las habilidades que se perdió. Además, si lograr identificar brechas o debilidades en sus habilidades de liderazgo, entonces esta mentalidad positiva le permitirá tener el potencial para aprender, crecer y cambiar para mejor. Por lo tanto, a través de la autoconciencia, la comunicación, la influencia y la agilidad de aprendizaje como el núcleo de su desarrollo y valores de liderazgo, puede estar seguro de que se está preparando para nuevas oportunidades y nuevos niveles de responsabilidad, esto se debe a que estas cuatro habilidades de liderazgo son necesarias para todos y en cada etapa de su carrera.

Dale Carnegie, en su libro titulado *Cómo Ganar Amigos e Influir en Las Personas*, describe cómo influir positivamente en los demás y mantener una gran amistad como resultado. Aunque este libro fue escrito en 1936, estos principios y lecciones han resistido la prueba del tiempo y son siempre un punto de referencia para muchos líderes influyentes de la actualidad. Lo que se destaca de estos principios es que no se tratan de tendencias o modas, sino que son los componentes básicos de la inteligencia social y cómo la práctica de buenas habilidades sociales puede mejorar su vida.

A continuación, se presentan las diez mejores lecciones y principios clásicos que aprendemos de Carnegie:

1. No Criticar, Juzgar o Quejarse

Una cita del libro afirma: "Cualquier tonto puede criticar, juzgar o quejarse, y la mayoría de los tontos lo hacen". Carnegie continúa diciendo que se necesita una gran cantidad de carácter y autocontrol para perdonar los males que le han hecho. Esta disciplina le traerá grandes dividendos y alegría en la forma en que se relaciona con otras personas.

2. Ser Generoso con Elogios

Carnegie recomienda usar elogios generosamente en las relaciones, citando a Charles M. Schwab, quien afirmó:

"En mi amplia asociación en la vida, al reunirme con muchas y grandes personas en varias partes del mundo, todavía tengo que encontrar a la persona, por grande o exaltada que sea en su posición, que no hizo un mejor trabajo y se esforzó más bajo un espíritu de aprobación de lo que jamás lo harían bajo un espíritu de crítica".

3. Recordar los Nombres de las Personas

En ocasiones es muy difícil recordar los nombres de las personas cuando las conoce por primera vez, especialmente cuando conoce a muchas personas de manera casual. Sin embargo, es posible si se prepara para recordar nombres. Esto hará que las personas se sientan muy especiales, apreciadas e importantes. Carnegie continúa diciendo: "Recuerde que el nombre de una persona es el sonido más importante y dulce en cualquier idioma".

4. Interesarse Genuinamente en los Demás

Recordar los nombres de las personas y hacerles preguntas, les animará a hablar libremente sobre sí mismos y sus intereses, y hará que la gente crea que le agradan. A ellos, a su vez, les agradará. Carnegie continúa escribiendo: "puede hacer más amigos en dos meses si se interesa en otras personas que en dos años si intenta que otras personas se interesen en usted". Es importante que escuche el 75% y solo hable el 25% en todo momento.

5. Conozca el Valor del Encanto

La gente normalmente no discute el hecho de que cuando se trata de buscar trabajo, tener una oportunidad no se trata de talento, a qué universidad asistió o a quién conoce, se trata de agradarle a la gente. Un buen currículum puede otorgarle una entrevista, pero es su carisma, habilidades sociales y talento lo que hará que la gente quiera mantenerle cerca. Esta es la razón por la que las personas siempre elegirán a alguien con quien les agrada estar en lugar de alguien con quien no, sin importar cuán talentoso sea. Esto tiene el potencial de enriquecer su vida y, a su vez, abrirá tantas puertas como haya imaginado.

6. Ser Ágil en Reconocer sus Errores

La humildad vence a todo lo demás. Suaviza incluso los corazones más duros. Ser humilde hará que las personas se pongan menos a la defensiva y sean más agradables que cuando es humilde y razonable al mismo tiempo, pero no lo suficiente como para asumir la responsabilidad de sus propios errores. Es muy importante tener una relación personal y profesional sólida y estable con los demás. Esto dependerá en gran medida de que usted sea responsable de sus acciones, especialmente cuando se trata de sus errores.

7. No Intentar "Ganar" una Discusión

Carnegie afirmó que la mejor manera de ganar una discusión es evitarla, citando el adagio: "Un hombre convencido contra su voluntad, seguirá teniendo la misma opinión". Incluso si puede desmantelar completamente el argumento de la otra parte con información fáctica, no cambiará de opinión.

8. Comenzar en un Terreno Común

En caso de desacuerdo, es muy prudente que ambos comiencen en un terreno común, lo que les facilitará mucho la transición a los temas difíciles. Si comienza desde posiciones polarizantes, puede perder mucho y es posible que nunca recupere el terreno perdido, incluso en los temas que acordó originalmente.

9. Hacer que los Demás Crean que Su Conclusión es Propia

No se puede obligar a las personas a creer nada de lo que se les dice. Es por eso que las personas persuasivas comprenden enormemente cómo la sugestión posee un poder extraordinario.

Debe aprender a plantar una semilla, en lugar de decirle a la gente que está equivocada, y buscar puntos en común, para poder persuadirlos fácilmente de que lo que quieren es en realidad el resultado deseado (tácito).

10. Hacer que la Gente se Sienta Importante

Puede conseguirlo sin mucho esfuerzo: no cuesta nada sonreír; conocer los nombres de las personas; halagarlos; y hacer un esfuerzo por conocer sus intereses y realmente escucharlos cuando hablen. Todos estos detalles pueden hacer que las personas se sientan importantes.

Entrar en la Mente de los Demás con Sesgos Cognitivos

Los seres humanos tendemos a creer que somos racionales y lógicos en nuestras iniciativas. Sin embargo, sin que lo sepamos, estamos constantemente bajo la influencia de sesgos cognitivos que influyen en nuestro pensamiento, creencias y cualquier otra decisión y juicio que tomamos a diario.

En ocasiones, estos prejuicios pueden ser muy evidentes para los que disciernen, y uno podría incluso reconocer estas predisposiciones mientras están tan ocultas que no son fáciles de notar.

A continuación, se presentan algunos de estos sesgos cognitivos que tienen una profunda influencia en la forma en que vivimos nuestra vida diaria:

El Sesgo de la Confirmación

Este tipo de sesgo se basa en cómo las personas tienden a escuchar más la información que reafirma lo que ya saben o creen.

El Sesgo de la Retrospectiva

Este tipo de sesgo implica la tendencia a ver los eventos anteriores, ya sean aleatorios o no, como más predecibles de lo que realmente fueron.

El Sesgo de Anclaje

Como seres humanos, siempre tendemos a gravitar hacia la primera información que recibimos. Esto es lo que se denomina sesgo de anclaje o efecto de anclaje.

El Efecto de la Desinformación

Podemos estar muy influenciados por los recuerdos de eventos particulares en nuestras vidas. Esto implica vincular aspectos que realmente ocurrieron después de un evento específico, como si hubieran ocurrido durante el evento en sí. Esto es lo que llamamos efecto de desinformación.

El Efecto del Falso Consenso

Las personas tienden a sobrestimar lo mucho que otras personas pueden estar de acuerdo con sus propias creencias, comportamientos, actitudes y valores. Así, esta inclinación es lo que se conoce como efecto de falso consenso. Esto puede, en ocasiones, hacer que una persona sobrevalore sus puntos de vista.

¿Qué es el Efecto Barnum?

El "efecto Barnum" también se conoce como el "efecto Forer" en el campo de la psicología. Es un fenómeno que tiende a ocurrir cuando las personas creen que las descripciones generales de personalidades se les aplican específicamente. Por lo tanto, este efecto significa que las personas pueden ser crédulos, debido a que piensan que la información es solo sobre ellos, cuando en realidad es genérica. El nombre de este efecto se inspiró en la frase "Hay un tonto que nace cada minuto", que se ha atribuido principalmente al showman P.T. Barnum (aunque no hay evidencia de que lo afirmara).

¿Qué es una declaración "Barnum"?

Cómo Utilizar Declaraciones de Barnum para Influir en las Personas

Los astrólogos, que usan los horóscopos, magos, lectores de palmas y psíquicos que observan bolas de cristal, hacen un uso extensivo del Efecto Barnum, convenciendo a la gente de que sus descripciones a menudo genéricas son altamente especializadas y únicas; por lo tanto, no pueden aplicarse a nadie más.

Las declaraciones de Barnum son declaraciones positivas en las que la mayoría de las personas estarán de acuerdo con respecto a sí mismas. Es posible que no sean conscientes de que casi todas las demás personas también se verán a sí mismas en las declaraciones y, de hecho, no están personalizadas.

PARTE 3: Liberando Sus Poderes

Capítulo 12: PNL: Técnicas Dominantes de Persuasión y Negociación

Existe una fuerte relación entre la Programación Neurolingüística (PNL) y la persuasión y la influencia. Para empezar, la Programación Neurolingüística implica el estudio de la experiencia humana subjetiva. Implica estudiar cómo las personas pueden crear algún significado en la mente. Según algunas personas, la programación neurolingüística implica estudiar el pensamiento superior. Los seres humanos generalmente crean un sentido de significado tanto externa como internamente. También es posible aprender más sobre cómo las personas se expresan a través del lenguaje hablado y cómo pueden ser influenciadas. El lenguaje se puede utilizar para persuadir a las personas y es un instrumento que se puede utilizar para transmitir experiencias internas.

Control del Estado

Cuando se trata de influir y persuadir a las personas, lo primero que debe considerar es si tiene una relación cercana con la persona. Si no existe una relación personal, sería difícil persuadir o influir en alguien.

Por otro lado, es posible crear una relación personal con alguien usando Programación Neuro-Lingüística. El "control del estado" siempre debe producirse antes de que pueda concentrarse en asegurarse de haber desarrollado una relación personal.

La PNL también le permite aprender sobre cómo puede controlar su estado. Si puede formar una relación cercana con alguien y observar cómo se siente cuando está de mal humor, por ejemplo, debería poder medir el sentimiento. Existen algunos casos en los que las personas se sienten llenas de energía. El control del estado se define como la capacidad de vincular varias secuencias de estados emocionales en un momento dado. Es posible aprender estas técnicas a través de la Programación Neurolingüística.

También es recomendable tener en cuenta que, si no se encuentra en el estado correcto, no puede establecer fácilmente una relación cercana con alguien, independientemente de si tiene un conocimiento profundo de la Programación Neurolingüística. Al formar una relación cercana con una persona, debe asegurarse de que su estado psicoemocional coincida con el de la otra parte. Después de estudiar Programación Neurolingüística, logrará aprender varias técnicas mecánicas que incluyen;

> Usar los verbos que están siendo usados por la otra parte.

> Ser capaz de igualar los patrones de respiración.

> Usar las tonalidades utilizadas por la otra parte.

> Coincidir con su forma de parpadear.

> Usar la postura que normalmente usan.

Después de aprender sobre Programación Neurolingüística, es posible tomar su propia fisiología y asegurarse de que coincida con la de la otra persona. También es recomendable tener en cuenta que no se puede formar una relación cercana si no está cerca de la otra persona. El punto principal a tener en cuenta es que las técnicas de PNL permiten a las personas acelerar el proceso de acercamiento a alguien, al mismo tiempo que aseguran que su frecuencia se alinee con la de la otra persona, en un período corto.

La Programación Neurolingüística clásica le permite asumir el carácter de la otra parte fácil y completamente, y puede persuadirlos e influir en ellos fácilmente. También es posible imitar completamente al individuo. Tal eventualidad se conoce como "ritmo". El ritmo implica imitar a alguien o hablar sobre algunas cosas que pueden ser ciertas, dependiendo de una experiencia específica.

Es posible que desee formar una relación cercana con alguien que se encuentra en un estado negativo y es posible que no sepa cómo hacerlo. Si desea formar un vínculo con una persona que se encuentra en un estado negativo, no querrá estar en el mismo estado negativo que ellos. Tal consideración surge porque usted debe estar en el mismo estado que la otra persona con la que desea establecer una relación. Algunos de los fenómenos que entran en juego incluyen la presencia de neuronas espejo; estas neuronas pueden ayudarlo a formar una conexión deseada con la otra parte.

También es posible cambiar el estado de alguien. Al acercarse a alguien, primero debe observar el entorno. Es posible que tenga diferentes opciones, que incluyen interrumpir a la otra persona. La mayoría de la gente carece de valor para interrumpir a una persona. La otra opción implica asegurarse de que pueda coincidir con el estado de la otra persona. Al cambiar su estado por el suyo, puede cambiar fácilmente el estado del otro individuo.

Cuando se acerca a una persona y le plasma altos niveles de energía, puede haber una gran diferencia en la frecuencia de las dos partes y es posible que no se identifique. Por ejemplo, sus niveles de energía pueden ser más altos que los del individuo objetivo y eso significa que sus estados no pueden alinearse. Además, algunos estados no se pueden interrumpir fácilmente. En el momento en que forme una conexión con alguien y sus frecuencias no se alineen, aún es posible que pueda relacionarse.

¿Cuáles son los Fundamentos del Cambio y la Conducta Humana?

Eventos como el modelado, la acción y la comunicación efectiva son algunos de los componentes clave de la Programación Neurolingüística. La creencia es que si un individuo puede entender cómo la otra parte realiza una tarea, entonces el proceso general puede copiarse y comunicarse fácilmente a otros al mismo tiempo para que ellos también completen la tarea en cuestión.

Los defensores de este concepto opinan que todos tienen un mapa personal de la realidad. Por lo tanto, quienes practican la PNL normalmente analizan su propia idea de la realidad, y cualquier otra perspectiva, para llegar a una visión general viable y sistemática de una situación. Al comprender una amplia gama de perspectivas, estos usuarios de PNL obtienen una cantidad considerable de información. Quienes abogan por este concepto creen que nuestros sentidos juegan un papel vital cuando se trata de procesar la información disponible y que nuestros cuerpos y nuestra mente pueden influirse mutuamente. Por lo tanto, la Programación Neuro-Lingüística es un enfoque experiencial de todo esto, y para que cualquiera pueda entender una acción, seguramente debe realizar esa misma acción si quiere aprender de la experiencia.

Además, los profesionales de la PNL tienen la creencia de que existen jerarquías naturales cuando se trata de aprender, comunicarse y cambiar. Los seis niveles lógicos de cambio se enumeran a continuación:

Espiritualidad y Propósito – se puede denominar como la participación en algo que podría ser más importante que la vida. Podría ser la participación en asuntos de religión, ética o cualquier otro sistema. Esto representa uno de los niveles más altos de cambio.

Identidad – normalmente implica cómo se ve a sí mismo. También puede incluir las responsabilidades y otros roles en su vida.

Creencias y Valores – este sistema incluye todas sus creencias personales, incluidas todas las cuestiones que importan en todos los aspectos de su vida.

Capacidades y Habilidades – esta categoría incluye todas sus habilidades y lo que puede lograr al usarlas.

Comportamientos – son las acciones específicas que puede realizar.

Entorno – es su entorno, incluido el lugar donde vive. Incluye también a las personas que le rodean. Normalmente, esto se considera el nivel más bajo de cambio que puede realizar.

El propósito de cada uno de estos niveles lógicos en nuestras vidas es organizar y dirigir cualquier flujo de información. Por lo tanto, cuando se trata de realizar cambios en el nivel inferior, también puede tener un efecto general en los niveles superiores. La misma teoría también se aplica a los cambios en los niveles superiores, según los profesionales de la PNL.

Cómo Protegerse de la Manipulación/Persuasión

Todas nuestras emociones, sean buenas o malas, tienen un cierto propósito en nuestra vida. Sin embargo, debe estar atento a aquellos que quieran aprovecharse para sus propios beneficios personales utilizando el poderoso poder de las emociones. Cada vez que se sienta emocionalmente agotado, es importante que siga los consejos a continuación para proteger su propio campo de energía contra la explotación externa.

1. No Caer en su Trampa

En este mundo, algunas personas disfrutan mucho al aprovechar las emociones de otras personas y utilizarán todos los trucos del libro en su beneficio. Estos son elementos que incluyen confusión, juegos de culpas e interrogatorios para obtener lo mejor de usted. Necesita encontrar formas de lidiar con ellos de manera efectiva. Puede lograrlo ignorándolos o rechazando cortésmente sus insinuaciones, en lugar de cumplirlas.

2. Empezar a Anotar lo que Mencionan durante las Conversaciones

Si bien esto puede ser un poco incómodo, los manipuladores emocionales tienden a hacerle quedar mal. El truco consiste en distorsionar sus palabras para adaptarlas a su motivo. Si no tiene cuidado, incluso puede comenzar a creer en su palabra y en lo que dicen. Para asegurarse de que no suceda, puede reproducir las cosas que dijeron en conversaciones anteriores anotando todos los detalles que pueda sentir que son importantes para contrarrestarlos.

3. Mantenerse Alejado Siempre que sea Posible

Simplemente manténgase alejado de este tipo de personas. Esto se debe a que los manipuladores emocionales son personas muy inteligentes que no se detendrán ante nada para aprovecharse de usted y reducirán cualquier posibilidad de que usted se aproveche de ellos.

4. Desafiar su Comportamiento

Estas personas saben cómo funciona la mente humana, simplemente porque probablemente han sido capaces de mandar a la gente y nunca han sido atrapados o responsabilizados por sus acciones. Por lo tanto, cuando se enfrente a estos estafadores, debe defenderse. Que sepan que no les perdonará ninguna forma de tonterías.

5. Evitar el Apego Emocional

Sabemos que esto podría ser más fácil decirlo que hacerlo. Es especialmente así cuando al inicio no muestran su verdadera identidad. Sin embargo, como víctima potencial, debe prestar mucha atención a los primeros signos que podrían indicar que están a punto de abrir su montaña rusa emocional. Poco a poco, aléjese de la relación tóxica para su propio beneficio. Asegúrese de hacerles conocer sus límites. Un aspecto en la que los manipuladores emocionales son buenos es que están constantemente en busca de su próxima presa. Sin embargo, sería más fácil separarse si no ha invertido demasiado emocionalmente hablando en esta relación.

6. Meditar con Frecuencia

Para que no le tomen desprevenido, siempre debe mantener una mentalidad positiva a través de la meditación constante, manteniendo su mente en silencio, respirando profundamente, si es posible ponerse en contacto con los reinos superiores para desarrollarse adecuadamente aquí en la Tierra. Esto será útil cuando se trate de manipuladores emocionales, de la mejor manera posible. Esto se debe a que tiene la paz interior asegurada sin importar la cantidad de caos que lo rodee; tendrá una gran compostura dentro de usted. Las meditaciones de amor y bondad le permitirán mirar a esa persona con una luz diferente, lo que le permitirá desarrollar compasión por ella. Incluso puede abrirle los ojos para ver las posibilidades de lo que han pasado en sus vidas para que sean como son. Siempre tendrá tranquilidad cuando practique el arte de enfrentar la hostilidad con amor y comprensión. Después de todo, nunca se sabe que son esos gestos los que pueden transformar a un manipulador emocional en un nuevo ser.

7. Inspirar

En este sentido, debe ser el agente del cambio. Esto lo colocará en una gran ventaja porque, inadvertidamente, lo protegerá de cualquier sentimiento negativo que puedan enviarle los manipuladores emocionales después de que sus propias contramedidas positivas y no manipuladoras los hayan inspirado. Si es necesario, para detenerlos en seco, puede sacar a relucir los beneficios que conllevan la meditación y las formas simples en las que pueden asumir la responsabilidad de sus propias acciones y vidas, entre otros atributos positivos de la vida.

8. Decir, "Tiene Razón"

Por difícil que parezca para su ego, siempre tendrá paz mental y su alma siempre estará tranquila sabiendo que se encuentra sereno y que estos parásitos no pueden aprovecharse de usted. Los manipuladores emocionales siempre prosperan con el drama, y es mejor si está de acuerdo con ellos en todo lo que dicen. Esto, a su vez, los dejará desorientados, extinguiendo rápidamente cualquier esperanza que tuvieran de explotar sus emociones. Esto se debe a que, por el bien de su bienestar emocional y paz mental, simplemente permite que se salgan con la suya en la discusión. Sin embargo, muy dentro de usted, sabe muy bien que todo lo que se dice de usted es falso.

9. Dejar ir las Relaciones Perjudiciales

Si se percata de que su pareja tiene la tendencia a ser manipuladores emocionalmente, entonces lo mejor para usted es dejar la relación lo suficientemente a tiempo mientras su dignidad y autoestima sigan siendo altas. Esto es por su propio bien y tranquilidad. Nunca puede imponer un cambio a nadie que sea así, sin importar las innumerables veces que haya sacado a relucir su comportamiento violento o lo haya tolerado. Alguien de su tipo se merece a alguien que lo ayude y lo cuide adecuadamente a usted y a su bienestar emocional, y no a alguien que quiera aprovecharse de usted por sus propios motivos egoístas.

10. Desarrollar una Mentalidad Firme

Nunca debe permitir que los insultos y arrebatos de otra persona se apoderen de usted. Recuerde, esto es solo una táctica para meterse debajo de su piel. En cambio, lo mejor que puede hacer por usted mismo es encontrar humor en estos insultos. Otro truco que podría hacer es considerar sus sentimientos sin aparentemente estar de acuerdo con ellos. Si posee un sentido de autoestima firme e inquebrantable, nada de lo que digan se alojará en su mente.

11. Tener un Diálogo Interno positive Durante Todo el Día

Los expertos de la manipulación emocional pueden destruir su imagen y estado de ánimo. Asegúrese de lograr restaurarlo elevándose a alturas superiores donde nadie pueda alcanzarlas. Esto se debe a que logran su objetivo al verlo derrotado emocionalmente. Es ahí cuando se abalanzan para atacar. Sin embargo, cuando vean que sus avances no le perturban, lo dejarán en paz; por tanto, no tendrán ninguna razón válida para acercarse más a usted.

Algunas otras técnicas de negociación recomendadas:

Plantear la Negociación como una Colaboración, y Utilizarla para Resolver un Problema Común

El factor más importante a tener en cuenta es que el enfoque principal debe estar en el oponente, ya que es el principal problema. No debe pensar en una mentalidad de "yo" contra "ellos". Además, su elección de palabras y lenguaje corporal no debe mostrar que está generando algo de competitividad. El primer paso debe consistir en establecer sus objetivos. Una vez que haya establecido sus objetivos, puede trabajar con un propósito más general.

Sin Réplica Inmediata

Esta es una habilidad importante que debe poseer para poder manejar una negociación de manera efectiva. Después de que a una persona se le ocurra una idea, no debe presentar un contraargumento de inmediato. Primero, comparta sus ideas. Después de eso, la persona a la que se le ocurrió la idea estará más interesada en escuchar lo que tiene para decir. No intente fijar su idea rápidamente. Asegúrese de haber discutido la idea inicial en consecuencia. También puede hacer algunas preguntas y explorar la propuesta que se ha presentado. Después de un tiempo, la otra parte comenzará a abordar cualquier inquietud que pueda tener.

Capítulo 13: El Antídoto contra el Pensamiento Grupal: 10 Maneras de Vencerlo

Pensamiento grupal – este es un término utilizado para describir lo que ocurre cuando un grupo de personas se une, y su principal deseo es mantener la armonía dentro del grupo a cualquier costo. El deseo de mantener la cohesión genera una tendencia por la cual todos los miembros llegan a un consenso sin discutir en absoluto, incluso si esto es irracional o perjudicial para el proyecto. Habrá un conflicto mínimo, pero también una falta de creatividad y pensamiento crítico; el problema principal es que las personas llegarán a una conclusión incluso antes de evaluar su decisión de manera eficaz.

Después de aprender lo que implica el pensamiento grupal, analizaremos diez formas en las que puede vencer al rebaño. Algunos consejos de los expertos incluyen:

1. Planificar todo

Si se está discutiendo un plan de riesgo, es recomendable elaborar planes para todos los escenarios imaginables. No significa que el grupo fracasará; sin embargo, es recomendable comenzar por abordar el problema subyacente tal como está, en lugar de ignorarlo.

2. Fomentar un Debate

Cuando supere un debate, se sentirá bien; sin embargo, la sensación será de corta duración y el resultado final puede no ser deseable. Como líder dentro de un equipo, debe ser lo suficientemente valiente para enfrentar a los miembros del equipo y enfatizar cómo se deben discutir las diferentes ideas. Las personas también pueden expresar sus opiniones y, al mismo tiempo, desafiar las opiniones expresadas por otros. Por ejemplo, en los negocios, la charla cordial puede ser común; sin embargo, debería existir otra discusión que asegurará que las personas aprendan más sobre los diferentes emprendimientos comerciales. El enfoque principal aquí es aumentar su base de conocimientos. Al hacerlo, podrá superar el pensamiento grupal.

3. Buscar Diferentes Personalidades

En un grupo, la mayoría de los miembros deben poseer diferentes personalidades. Algunas de estas personalidades incluyen la presencia de un solucionador de problemas creativo, un pensador poco ortodoxo, una persona que trabaja bien bajo presión y la persona que juzga las opiniones que han expresado otros miembros del grupo. El juicio debe hacerse de manera objetiva. Asegúrese de haber buscado personas que posean diferentes estilos de comunicación y pensamiento.

4. Reconocer el Sesgo en los Datos

Algunos líderes pueden suponer que al confiar en los datos, pueden eliminar el pensamiento grupal. En ocasiones, es posible que un analista no emita información precisa y que elija diferentes piezas de información en un intento por complacer a los gerentes. Con base en esta información inexacta, los gerentes pueden sentirse tranquilos acerca de las decisiones que han implementado y es posible que no logren realizar mejoras. Una vez que se aprueban algunas de las ideas erróneas, es posible que sea más difícil cuestionarlas. Como líder, debe asegurarse de no haber revelado sus "esperanzas y sueños" a un científico de datos que haya contratado y recopile alguna información, ya que esto podría influir en el informe.

5. Comunicarse

Invite siempre a personas de otros departamentos, especialmente si se han visto afectados por algunas de las decisiones que ha tomado. Incluso si las personas invitadas no asisten a la reunión, haga un esfuerzo por comunicarse con otras personas dentro de la empresa, y deberían enviar algunos comentarios. Las personas dentro de una organización deben evitar ser influenciadas por las ideas dentro del grupo y pueden estar dispuestas a ofrecer ideas y opciones independientes.

6. Comprender que la Velocidad Puede Matar

A veces, cuando las personas toman una decisión de manera precipitada, el grupo puede sentirse aliviado. De hecho, la velocidad puede matar, y es por eso que un grupo no debe tomar una decisión apresuradamente. Primero, todos deberían emitir su propia opinión. Si un líder cree que el debate no fue suficiente, debe retrasar la decisión y asegurarse de que los demás miembros del grupo hayan realizado más investigaciones.

7. Aumento de la Conciencia

Como líder, debe concentrarse en asegurarse de haber creado conciencia dentro del grupo en un intento por evitar el pensamiento grupal. El líder debe asegurarse de que la gente sepa qué es el pensamiento grupal y cómo se lleva a cabo. Además, deben estar informados sobre las consecuencias del mismo.

8. Participar en Debates Abiertos

Mientras esté en un grupo, es aconsejable crear una cultura en la que se anime a los empleados a analizar las situaciones en consecuencia mientras emiten comentarios y comparten información.

9. No Agredir al Mensajero

Al participar en una discusión abierta, debe evitar muchas críticas. A veces, cuando una persona presenta una opinión alternativa, puede ser criticada por los otros miembros. Las personas dentro de un grupo deben aprender más sobre las habilidades críticas de escucha.

10. Asignar al "Abogado del Diablo"

Como líder, debe consultar a uno o dos miembros y preguntarles si se sentirían cómodos desempeñando el papel de abogado del diablo. El grupo debe dividirse dos veces y un equipo debe considerar los pros, mientras que el otro equipo debe centrarse en los contras de una determinada opinión.

Hemos analizado diez formas de eliminar el pensamiento grupal. Así mismo existen otras formas a través de las cuales se puede eliminar el pensamiento grupal, las cuales incluyen:

• Consultar a Algunos Expertos en la Materia

Cuando se discute un tema muy importante, algunos asuntos pueden estar involucrados y pueden estar presentes en el grupo. En algunos casos, el grupo puede tener que contratar a un experto en la materia de manera externa. Un experto en la materia es una persona que comprende todo sobre un tema determinado y puede ofrecer una idea de las consecuencias presentes asociadas con una opinión específica. Además, pueden estudiar algunas de las alternativas presentes que serán adecuadas en cada caso.

• Las Decisiones Deben Ser Documentadas

Una vez que el grupo ha tomado una decisión, los miembros pueden seguir adelante y documentar la información.

- Algunas posibles soluciones y cada opción deben analizarse a fondo.
- La situación actual y algunos de los problemas asociados.
- La solución recomendada y por qué es preferible.
- Un plan que se puede implementar. También se debe presentar el presupuesto y el cronograma.

• Un Grupo Puede Solicitar la Opinión de Otro Equipo

En ocasiones, algunos de los miembros del grupo pueden no sentirse cómodos con las decisiones que han tomado y pueden solicitar algunas opiniones de otro equipo. El otro equipo revisará el documento proporcionado y dará su opinión.

Finalmente, es recomendable tomar en cuenta que cuando colaboran como miembros del grupo en el lugar de trabajo, los alumnos deben sentarse en la parte inferior como una forma de evitar el pensamiento grupal y la presencia de ideas que carecen de un toque de creatividad. Si uno de los líderes puede hacer un buen uso de la creatividad demostrada por uno de los miembros del grupo, puede canalizarla en consecuencia y producir un resultado más deseable.

Capítulo 14: Lenguaje Corporal: Lectura Rápida y Envío del Mensaje Correcto

Quizás se ha estado preguntando cómo sería la vida si alguien pudiera leer la mente de otra persona. Algunas personas saben cómo hacer un buen uso de su intuición para estos problemas. Pero otros no son exactamente buenos en ello. Para las personas que no pueden usar su percepción, existe una opción ideal. Es aprender a estudiar el lenguaje corporal de una persona. Dicho esto, es un hecho que las personas pueden obtener hasta el 45 por ciento de la información de la comunicación no verbal. Expertos especializados en lenguaje corporal han escrito en el pasado que las personas a menudo pueden estudiar los gestos y otros movimientos corporales adicionales de un individuo para desenmascarar el carácter de una persona y posteriormente afirmar lo que piensan o, mejor aún, sienten. Las mímicas también se pueden utilizar para analizar el carácter de una persona. Otros profesionales han añadido que se debe prestar atención a diversas señales enviadas por otras personas sin que se percaten. Si bien es posible que la mayoría de las personas no consideren el narcisismo y la psicopatía como rasgos deseables tanto en los amigos como en los amantes, la mayoría de nosotros nos sentimos extrañamente atraídos hacia las personas con los rasgos de personalidad mencionados. Como tal, las "chicas malas" suelen ser conocidas popularmente en la escuela. Se sabe que los vampiros son símbolos sexuales. Pero en una investigación reciente, se concluyó que las personas comúnmente referidas como individuos con personalidades oscuras son físicamente atractivas en comparación con otras. Entonces, ¿qué tienen realmente estas personalidades oscuras que hacen que estas personas sean tan atractivas como se indica en los estudios de investigación? ¿Qué los motiva? ¿Por qué la gente cae en su trampa? Las respuestas a estas preguntas pueden ayudarnos a comprender qué hace que las personas con tales personalidades tengan éxito cuando se trata de manipular a otras personas.

Para probarlo, dos profesionales conocidos como Nicholas Holtzman, así como Michael Strube de la prestigiosa Universidad de Washington, estudiaron la relación entre las tendencias de las personas y su naturaleza atractiva. También analizaron la relación entre las personas y la psicopatía, además del maquiavelismo. Estos investigadores querían determinar si los rasgos mencionados, que también se conocen como la Tríada Oscura, están directamente relacionados con la capacidad de mejorar la apariencia física de una persona. Para probar la idea, estos profesionales decidieron invitar hasta 100 estudiantes a un laboratorio. A cada estudiante se le pidió que tomara una fotografía de inmediato. Después de eso, se pidió a cada estudiante que se pusiera un pantalón gris y una camisa. A las mujeres del equipo se les pidió que se limpiaran la cara quitándose el maquillaje. Se pidió a las personas con cabello largo que llevaran el cabello recogido en una cola de caballo. Los estudiantes fueron fotografiados.

Ambos profesionales tomaron los dos juegos de fotografías y los compararon. Esto fue en términos de su apariencia física. Estaban en condiciones de determinar su apariencia, incluido lo atractivo que era cada estudiante. Los profesionales evaluaron las personalidades de estos candidatos, incluidas sus tendencias hacia la psicopatía. Se pidió a los candidatos que se calificaran a sí mismos y luego compartieran los datos de contacto de sus amigos. Se decidió que sus amigos también deberían proporcionar una puntuación. La combinación de puntuaciones de pares se utilizó para calcular el conjunto de diversas puntuaciones de personalidad para los estudiantes. Las calificaciones proporcionadas por los estudiantes basadas en el narcisismo y la psicopatía también se fusionaron para crear un compuesto importante conocido como la Tríada Oscura.

La Tríada Oscura estaba correlacionada con los candidatos atractivos. Pero, la puntuación de la Tríada Oscura no se relacionó principalmente con el atractivo físico de los candidatos una vez que fueron despojados de las prendas básicas y el cabello. Las personas que tenían un rasgo de personalidad oscura no eran consideradas físicamente atractivas en comparación con otras, especialmente cuando se les remueve la libertad a la hora de usar su ropa y maquillaje. Las personas que tenían personalidades oscuras eran excelentes para disfrazarse. Luego de una introducción detallada, se concluyó que cada estudiante debía completar una encuesta en la que se les preguntaría su opinión sobre las primeras impresiones. Los candidatos que obtuvieron altas calificaciones en lo que respecta al narcisismo fueron agradables. Estos hallazgos han reforzado la investigación inicial que indica que los narcisistas son más reconocidos y queridos que otros, al menos al principio.

Los candidatos considerados agradables eran más narcisistas con apariencias más llamativas y un lenguaje corporal seguro. Los investigadores concluyeron que los narcisistas son buenos para portar y presentarse de tal manera que pueden fácilmente impresionar a los demás al instante. Esta es también una razón adicional por la que es crucial tomarse el tiempo para juzgar el carácter de una persona al conocerla por primera vez. El primer paso para lidiar con una persona con un rasgo de la Tríada Oscura no es fácil. Si son físicamente atractivos, esto también se adjunta automáticamente a otros rasgos positivos, en el "efecto halo". Cuando alguien es percibido como físicamente atractivo, podemos suponer que es amable por naturaleza y más seguro de sí mismo. Para crear un entorno ventajoso, la persona debe verse físicamente atractiva. Cuando el atractivo físico de una persona se fusiona con su confianza, es más eficaz cuando se trata de engañar a alguien. También parece que las personas con personalidades manipuladoras tienen relativamente más éxito en esto.

Analizar Diferentes Lenguajes Corporales

Puede sentir que comprende todas las tácticas de manipulación, incluido cómo usarlas para ganarse el corazón de sus compañeros o familiares. Sin embargo, es importante obtener más información sobre el lenguaje corporal y cómo puede persuadir a las personas que lo rodean. Si bien existen varias diferencias entre las personas, también existen un par de similitudes. Para analizar de manera adecuada a las personas que le rodean, necesita encontrar algunos elementos que le ayuden a conectarse con ellos al unirlos en lugar de separarlos. También es importante tener en cuenta que la manipulación es un rasgo negativo. Por lo tanto, enfatizamos la necesidad de comprender cómo leer el lenguaje corporal. En este capítulo, veremos algunas de las principales señales del lenguaje corporal involucradas en la Tríada Oscura y le enseñaremos cómo analizarlas:

Cerrar los Ojos

Si la persona con la que está hablando cierra los ojos, entonces está a punto de mentir. Debes recordar que eso no implica que sientan miedo. Más bien, significa que son evasivos porque no quieren lidiar con la situación en cuestión. También podrían estar tratando de evitarle.

Mostrando el Rostro

Este es un gesto que se utiliza para atraer a personas del sexo opuesto. Cuando una persona coloca su barbilla en las manos, presenta su rostro para que se vea como si estuviera tratando de decir "Este soy yo". Por lo tanto, a menudo se le permite disfrutar de lo que está viendo. Para los hombres, es importante memorizar este tipo de gesto para poder captar un momento complementario.

Brazos en el Pecho

El siguiente lenguaje corporal que analizaremos son los brazos cruzados sobre el pecho de una persona. Este es un ejemplo ideal de individuos defensivos. A menudo se usa para demostrar que una persona no está de acuerdo con ciertas opiniones, así como con las acciones de otros, independientemente de su relación.

Tocarse la Nariz

Cuando una persona se toca la nariz al hablar, puede significar un par de cosas. Primero, podría ser rechazo. Luego, en segundo lugar, podría ser una forma de demostrar la deshonestidad de una persona cuando se trata de lo que está diciendo.

Palmas Abiertas

Cuando una persona abre sus palmas hacia arriba, podría ser un símbolo de ser honesto o abierto a una idea declarada. Dicho esto, en los siglos más antiguos, cuando los individuos portaban sus armas, el signo se usaba para indicar que no tenían armas y que eran sinceros. Con los años, se convirtió en una práctica constante indicativa de inocencia. Cuando una persona pone la cabeza entre las manos, es un ejemplo ideal de lenguaje corporal que podría implicar que la persona está molesta. Por lo tanto, es posible que no estén interesados en mostrar su rostro. Los tobillos cerrados indican que una persona está nerviosa.

Frotar el Mentón

El mentón a menudo se frota cuando alguien está tratando de tomar una decisión crucial, pero viable. La persona puede estar mirando hacia abajo o hacia los lados. Pero apenas saben exactamente lo que quieren, ya que están pensando de forma crítica y profunda. La garganta debajo del mentón también es vulnerable, por lo tanto, un depredador puede usarla fácilmente para atacar a un individuo. Sostener el mentón es una medida de protección para la garganta. También es una de las formas en que las personas actúan a la defensiva. También es un símbolo de sumisión.

Enviar el Mensaje Correcto

Sin duda, es vital aprender a comunicarse de forma no verbal. Suele adoptar la forma del lenguaje corporal de alguien. El método tiene un impacto significativo en cómo se comunica el mensaje y luego lo reciben otras personas. La comunicación no verbal también es vital en los negocios. La comunicación en el lugar de trabajo impulsa diversas actividades entre clientes y proveedores de servicios.

Intente estos consejos:

Cuidarse a sí Mismo y a los Demás

Cuando esté en el proceso de comunicarse con otras personas, debe estar atento al tipo de mensajes que desea enviar a través de su cuerpo. ¿Sus palabras coinciden con el lenguaje no verbal? En caso de que no lo hagan, es hora de hacerlo. Dicho esto, las personas a menudo están dotadas del conocimiento para captar las señales no verbales.

Recordar Mantener el Contacto Visual

Es fundamental mantener el contacto visual, especialmente cuando se habla con otras personas, como compañeros de trabajo y empleadores. Con el contacto visual, generará confianza. Al mismo tiempo, podrá utilizar el contacto visual para enviar un mensaje relativamente fuerte a otras personas si no se siente cómodo.

Capítulo 15: Crear sus Propios Pensamientos

A menudo se nos indica que cuidemos nuestros pensamientos, ya que tienden a influir en nuestras acciones y que nuestros pensamientos tienen poder.

Pero rara vez analizamos el origen de nuestros pensamientos, ya que no necesariamente nos gusta lo que encontramos; algunos de nosotros podemos descubrir que nuestros pensamientos están influenciados inconscientemente por un trauma, miedo, falta de conocimiento sobre un tema en particular, o tal vez incluso hemos sido influenciados o manipulados por un amigo o pareja.

¿Cuántas veces ha visto una publicación de Instagram que muestra las últimas modas y ha pensado: "Debo tener eso"? ¿O cuando disfrutaba de un tiempo frente a la pantalla y de un anuncio de marketing para un nuevo producto, inmediatamente pensó "Yo también debo tener eso"?

¿Qué pasa con el pensamiento grupal? Le garantizo que la mayoría de nosotros puede haber sido víctima de este y haber sido parte de un grupo. No todas las influencias externas son malas; de hecho, algunos pueden ser fundamentales para asegurar que lleguemos a las conclusiones correctas. Sin embargo, en ocasiones, cuando participamos en el pensamiento grupal, podemos sentir demasiado miedo para expresar nuestros pensamientos individuales que difieren de los del grupo. Existen diversas opciones o alternativas para discutir, pero este capítulo se centrará en una solución sin deliberaciones serias.

Entonces, ¿cómo se lleva a cabo el proceso de crear sus propios pensamientos sin ninguna influencia? A continuación, enlistamos algunos consejos para crear sus propios pensamientos:

1. Creando su Propia Identidad

Esto implica crear el propio sentido de uno mismo. Eso significa definir claramente sus intereses y preferencias. Tener una idea clara de quién es exactamente, qué le agrada usar y cómo le encantaría verse. Esto le ayudará a no ser víctima de la influencia de los anuncios en los medios que le dicen qué debe usar, qué productos debe usar o cómo debe verse.

2. Adquirir Conocimientos Adecuados

Debe enfocarse en tener un conocimiento adecuado sobre un tema o situación antes de formarse una opinión. Debe aprender a obtener conocimientos constantemente, ya sea leyendo libros, observando situaciones y escuchando atentamente antes de llegar a una conclusión.

Por ejemplo, esto puede ayudar a que no se vea influenciado por la compra de un producto o servicio que quizás no conozca por completo.

3. Aprender a ser Flexible

No debe imaginar que solo las soluciones específicas funcionarán para problemas específicos, a veces podrían hacerlo. Pero si no lo hacen, esté siempre abierto a descubrir otras soluciones al problema, evalúe sus pros y contras y trate de analizar si pueden funcionar. Y antes de decir "no", también intente mirar cada solución desde diferentes perspectivas, luego observe si tienen consecuencias negativas y si perjudican a alguien. Si no es así, intente implementarlos o considerarlos como posibles soluciones.

4. Aprender a Detectar Posibles Sesgos

En ocasiones nos resulta difícil juzgar una situación por lo que es, ya que a menudo inconscientemente tomamos en cuenta nuestros prejuicios culturales o nuestra propia educación y la opinión de otras personas. Por lo tanto, terminamos decidiendo desde una perspectiva equivocada. Trate de tomarse el tiempo para evaluar la situación sin prejuicios, observe las cosas de primera mano y posteriormente forme opiniones claras sobre el tema o la situación.

5. No Ceder al Miedo, la Presión y la Culpa

A veces puede resultarnos difícil expresar nuestras opiniones si difieren de las del grupo, ya que podemos temer que esto cause desacuerdos o que tengamos etiquetas. Sin embargo, es importante mantener sus opiniones independientemente, ya que a veces puede ser lo correcto. Otras veces puede ser simplemente la brillante idea que todos han estado esperando escuchar, además, en un argumento saludable, es importante tener la opinión de todos antes de llegar a alguna conclusión.

Beneficios de Crear sus Propios Pensamientos

Si bien puede disfrutar de su nuevo poder para crear sus propios pensamientos y opiniones sin ningún obstáculo, estos son algunos de los otros beneficios que puede recibir:

1. Tiende a ser más interesante para los demás, ya que cada vez que conversan con usted, desafía sus opiniones y pensamientos.

2. Está constantemente mejorando a sí mismo, ya que siempre está tratando de buscar diferentes perspectivas hacia distintas situaciones. Y a su vez siempre está buscando soluciones a diferentes problemas.

3. Está alerta ante cualquier persuasión o influencia de los medios.

4. Obtiene el respeto de las personas que le rodean, ya que valoran sus opiniones, por ser siempre originales. Así mismo valoran el hecho de que usted los defiende constantemente.

5. Su mente y poder mental se desarrollan frecuentemente.

6. Desarrolla confianza en sí mismo y en sus habilidades y, por lo tanto, obtiene una gran confianza.

Consejos para Identificar que es Posible que No Esté Creando sus Propios Pensamientos

Si bien crear sus propios pensamientos puede ser muy esencial y beneficioso, a veces, es posible que retroceda algunos pasos. Cuando lo haga, estos son algunos de los consejos que pueden hacerle saber que no está pensando por sí mismo:

1. No puede tomarse el tiempo para evaluar situaciones antes de formarse una opinión sobre ellas.

2. Puede encontrarse haciendo algunas cosas de la misma manera, ya que siempre se han hecho así.

3. Es posible que se encuentre comprando estereotipos basados en el sexo, la raza o la cultura.

4. Puede que los medios de comunicación, otra persona o un grupo lo influyan fácilmente.

Crear sus propios pensamientos es muy importante, ya que puede formarse opiniones muy claras que lo ayudarán a tomar decisiones perspicaces.

Conclusión

Espero que haya disfrutado *Psicología oscura: Domine la Persuasión, la Negociación y la PNL y Liberar el Poder de Comprender la Manipulación, el Engaño, el Control Mental, el Comportamiento Humano, la Guerra Psicológica y el Lavado de Cerebro*. También espero que este manual de Psicología Oscura haya sido informativo cuando se trata de aprender más sobre Programación Neuro-Lingüística (PNL), persuasión experta y psicología, con respecto a cómo se manipula a las personas y cómo evitar la manipulación.

El libro también se ha publicado con el único objetivo de tener un impacto positivo en la vida de las personas. Recuerde que debe concentrarse en los capítulos que tratan sobre las estrategias que utilizan las personas manipuladoras y cómo puede evitar convertirse en una víctima. Después de todo, a nadie le gusta ser manipulado por otra persona. Apuesto a que no desea que le asocien con personas manipuladoras, y algunas de las estrategias que se han destacado en este libro le asegurarán que logrará liberarse de situaciones difíciles.

Por último, si este libro le resultó útil de alguna manera, ¡siempre se agradece una reseña en Amazon!

Fuentes

https://www.youtube.com/watch?v=UAIEvoz_RJA

https://www.psychologytoday.com/intl/blog/toxic-relationships/201812/how-spot-narcissist

https://psychcentral.com/lib/how-to-recognize-a-psychopath/

https://www.spring.org.uk/2018/08/machiavellian-personality-disorder.php

https://www.psychologytoday.com/intl/blog/sex-murder-and-the-meaning-life/201412/the-four-dark-personality-traits

https://www.youtube.com/watch?v=juhqwEf8kSY

https://www.apa.org/monitor/2014/02/criminal-mind

https://online.maryville.edu/online-bachelors-degrees/forensic-psychology/historys-famous-crooks/

https://www.effective-living.com/3290/warning-signs-of-a-criminal-mind/

https://openpsychometrics.org/tests/SD3/

https://www.youtube.com/watch?v=sUCG3osf4lA

https://www.youtube.com/watch?v=qL33TRP7qiE

https://www.cracked.com/article_19646_5-creepy-forms-mind-control-youre-exposed-to-daily.html

https://interestingengineering.com/the-cias-mind-control-and-lsd-program-mk-ultra

https://www.psychologytoday.com/us/basics/deception
https://www.fraud-magazine.com/article.aspx?id=4294971184
https://www.youtube.com/watch?v=P_6vDLq64gE&t=63s ,
https://www.inc.com/justin-bariso/an-fbi-agent-s-8-ways-to-spot-a-liar.html
https://www.thehealthy.com/family/relationships/how-to-spot-a-liar/
https://www.theguardian.com/commentisfree/belief/2009/may/27/cults-definition-religion
http://cultresearch.org/help/characteristics-associated-with-cults/
https://psychcentral.com/blog/media-manipulation-of-the-masses-how-the-media-psychologically-manipulates/
https://exploringyourmind.com/10-strategies-of-media-manipulation/
https://newseumed.org/cantdupeme
https://www.wvik.org/post/why-political-propaganda-works-and-how-spot-it
https://www.historians.org/about-aha-and-membership/aha-history-and-archives/gi-roundtable-series/pamphlets/em-2-what-is-propaganda-(1944)/what-are-the-tools-of-propaganda
https://spectrum.ieee.org/computing/software/how-political-campaigns-weaponize-social-media-bots
https://study.com/academy/lesson/what-is-psychological-warfare-definition-techniques-examples.html
https://medium.com/@womanistpsych/psychological-warfare-tactics-manipulating-your-vote-182d754961cd
https://www.listeningpartnership.com/insight/master-manipulator/
https://inlpcenter.org/what-is-neuro-linguistic-programming-nlp/
https://www.the-secret-of-mindpower-and-nlp.com/NLP-techniques-for-persuasion.html
https://happyrubin.com/nlp/negotiation/
https://theplaidzebra.com/the-6-nlp-techniques-that-will-turn-you-into-an-expert-negotiator/
https://www.verywellmind.com/what-is-groupthink-2795213
https://highfive.com/blog/8-steps-to-avoid-groupthink
https://www.youtube.com/watch?v=4jwUXV4QaTw

https://www.insider.com/subtle-signs-that-youre-talking-to-a-psychopath-2018-2

https://www.businessinsider.com/how-to-tell-if-you-are-talking-to-a-psychopath-or-narcissist-2017-12#psychopaths-tend-to-use-emotional-language-without-displaying-much-feeling-3

https://www.huffingtonpost.co.uk/dr-raj-persaud/dont-walk-this-way-how-yo_b_6509478.html

https://www.inc.com/amy-morin/advice-from-a-therapist-5-ways-to-with-a-psychopath-at-work.html

https://www.iflscience.com/brain/manipulative-psychopaths-lose-their-mischievous-powers-when-talking-online/

https://www.essentiallifeskills.net/think-for-yourself.html

https://www.aconsciousrethink.com/8349/thinking-for-yourself/

www.ingramcontent.com/pod-product-compliance
Lightning Source LLC
Chambersburg PA
CBHW031548260326
41914CB00002B/327